씽크톡톡
Think TokTok

기초에서 활용까지 한 번에 배우는

THiNK TokTok

엔트리 응용

씽크톡톡 엔트리 응용

**초판 1쇄 발행**_2019년 6월 15일
**지은이** 도용화, 금미정    **발행인** 임종훈    **편집진행** 인투
**표지·편집디자인** 인투    **출력·인쇄** 동양인쇄주식회사
**주소** 서울특별시 서대문구 연희로2길 76 한빛빌딩 A동 4층
**주문/문의전화** 02-6378-0010    **팩스** 02-6378-0011
**홈페이지** http://www.wellbook.net

**발행처** 도서출판 웰북
ⓒ 도서출판 웰북 2019
ISBN 979-11-86296-59-2  13000

# 꼭 기억하세요!

상담을 원하시거나 컴퓨터 수업에 출석할 수 없는 경우 아래 연락처로 미리 연락주시기 바랍니다.

_____

_____

## 타수체크

### 초급단계

| 월 일 | 월 일 | 월 일 | 월 일 | 월 일 | 월 일 |
|---|---|---|---|---|---|
| 월 일 | 월 일 | 월 일 | 월 일 | 월 일 | 월 일 |
| 월 일 | 월 일 | 월 일 | 월 일 | 월 일 | 월 일 |
| 월 일 | 월 일 | 월 일 | 월 일 | 월 일 | 월 일 |
| 월 일 | 월 일 | 월 일 | 월 일 | 월 일 | 월 일 |

## 중급단계

| 월 일 | 월 일 | 월 일 | 월 일 | 월 일 | 월 일 |
|---|---|---|---|---|---|
| 월 일 | 월 일 | 월 일 | 월 일 | 월 일 | 월 일 |
| 월 일 | 월 일 | 월 일 | 월 일 | 월 일 | 월 일 |
| 월 일 | 월 일 | 월 일 | 월 일 | 월 일 | 월 일 |
| 월 일 | 월 일 | 월 일 | 월 일 | 월 일 | 월 일 |

## 고급단계

| 월 일 | 월 일 | 월 일 | 월 일 | 월 일 | 월 일 |
|---|---|---|---|---|---|
| 월 일 | 월 일 | 월 일 | 월 일 | 월 일 | 월 일 |
| 월 일 | 월 일 | 월 일 | 월 일 | 월 일 | 월 일 |
| 월 일 | 월 일 | 월 일 | 월 일 | 월 일 | 월 일 |
| 월 일 | 월 일 | 월 일 | 월 일 | 월 일 | 월 일 |

# 이 책의 목차

# 01강 지구와 달

이렇게 배워요!

- 회전과 방향을 사용하여 지구의 자전을 표현해보아요.
- 중심점을 적당히 이동하여 달의 공전을 표현해보아요.
- 해가 떠올랐다 지도록 만들어 보아요.

## 01 지구의 자전 표현하기

회전값과 방향값을 적당히 사용하여 지구의 자전을 표현해보아요.

📁 [완성파일] 지구와달.ent

① '태양계-달', '태양계-지구' 오브젝트와 배경에 '우주(3)' 오브젝트를 추가하기 해요. 오브젝트를 드래그하여 원하는 위치에 이동하고 크기를 조절해요.

② '태양계-지구' 오브젝트를 선택하고 [시작]의 ▶ 시작하기 버튼을 클릭했을 때 , [흐름]의 계속 반복하기 , 10 번 반복하기 , 2 초 기다리기 , [움직임]의 x: 0 y: 0 위치로 이동하기 , 방향을 90° 만큼 회전하기 를 사용하여 블록을 조립한 후 반복하기 값을 '360'번, 방향 값을 '-1'도, 기다리기 값을 '0.1'초로 변경하여 회전 속도를 조정해요.

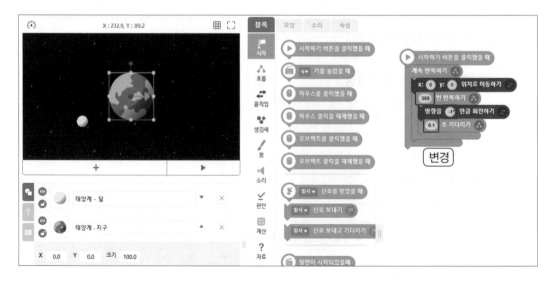

## 02 달의 공전 표현하기

중심점을 적당히 이동하여 달의 공전을 표현해보아요.

**1** '태양계-달' 오브제트를 선택하고 지구를 중심으로 회전하도록 중심점을 이동해요. 지구 중심점과 같도록 [오브젝트 목록]에 'x:0', 'y:0'으로 입력해요.

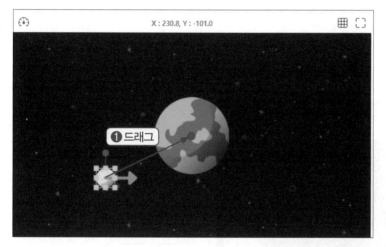

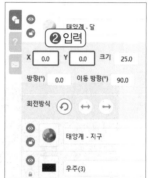

**2** '태양계-지구' 오브젝트를 선택해요. 코딩 블럭을 [코드 복사]하고 다시 '태양계-달' 오브 젝트를 선택한 후 [붙여넣기]해요. 실행하기를 클릭하고 지구와 달의 움직임을 확인해요.

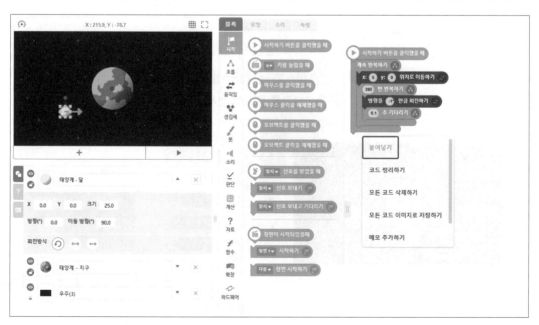

## 03 해가 떠올랐다가 지는 모습을 표현하기

해가 떠올랐다 지도록 만들어 보아요.

**1** [장면2]를 만들어 오브젝트 추가하기( [____+____] )를 클릭하고 '달', '건물(1)', '기와집', '좀비(4)' 오브젝트와 배경에 '별 헤는 밤' 오브젝트를 추가하기 해요. 오브젝트를 드래그하여 원하는 위치에 이동하고 크기를 조절해요.

**2** '달' 오브젝트를 선택하고 중심점을 이동하고 [오브젝트목록]에 'x는 0', 'y는 −130'으로 입력해요.

**3** [장면1]을 클릭하고 '태양계−지구' 오브젝트를 선택해요. ▶ 시작하기 버튼을 클릭했을 때 , 안녕! 을(를) 4 초 동안 말하기 ▼ , 오브젝트를 클릭했을 때 , 다음 ▼ 장면 시작하기 블록을 사용하여 블록 조립소에 연결하고 "안녕"을 "**지구를 클릭해 보세요**"로 변경해요.

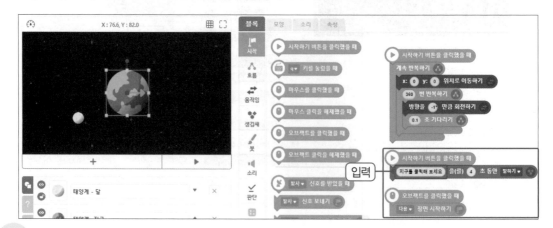

④ [장면2]를 클릭하고 '달' 오브젝트를 선택한 후 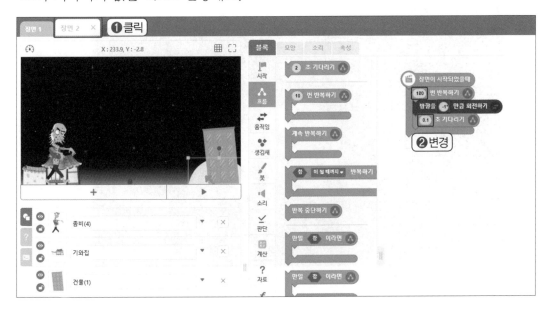 장면이 시작되었을때 , 10 번 반복하기 ,
방향을 90° 만큼 회전하기 , 2 초 기다리기 블록을 조립해요. 달이 동쪽으로 떠서 서쪽으로
이동하도록 반복하기 값을 '180'번, 방향값을 '-1'도로 변경한 후 적당한 속도로 이동하
도록 기다리기 값을 '0.1'로 변경해요.

⑤ '좀비(4)' 오브젝트를 선택하고, 좀비가 "달은 어느 쪽에서 뜰까? 흐흐흐"라고 말하며
지나가도록 아래와 같이 블록을 만들어 보아요.

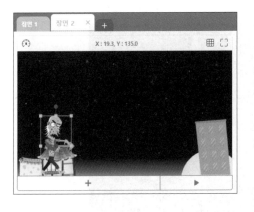
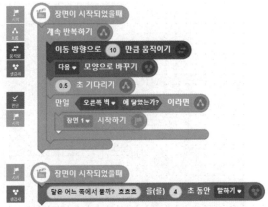

⑥ 좀비가 오른쪽 벽까지 가면 [장면1]로 이동해요. 시작하기를 클릭하고 실행이 잘되는
지 확인해요.

**01** 1강의 지구와 달의 속도를 다르게 변경하고 지구와 달이 반대방향으로 회전하도록
만들어 보아요.

 [예제파일] 지구와달반대.ent

**02** 태양계의 행성 중 수성, 금성, 지구, 화성이 태양을 중심으로 서로 충돌하지 않게
공전하도록 적당히 위치와 속도를 조정하여 만들어 보아요.

[예제파일] 태양계.ent

# 02강 명화 그리기1

이렇게 배워요!

● 원하는 모양으로 붓을 그려 나만의 오브젝트를 만들어 보아요.
● 몬드리안 그림을 파일 올리기하여 오브젝트를 추가해 보아요.

 **01 다양한 색의 붓 만들기**

원하는 모양의 다양한 색의 붓을 만들어 보아요.

📁 [완성파일] 명화그리기1.ent

① [새로 그리기(✏)]를 클릭하고 원하는 모양의 붓을 그려요. [파일]을 클릭하고 [저장하기]를 해요. [오브젝트 목록]에 새 오브젝트1을 '붓'으로 변경해요.

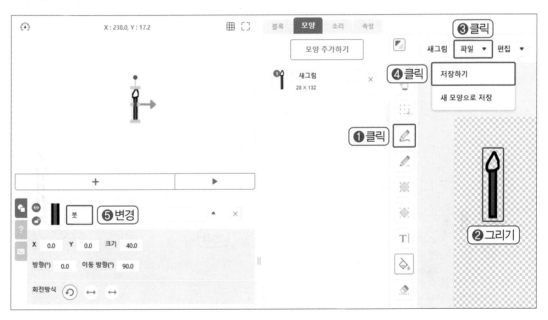

❷ 채우기를 사용하여 빨강을 선택하고 채우기 하여 [파일]에 [새 모양으로 저장]을 클릭해요. 노랑, 파랑, 검정도 채우기하고 [새 모양으로 저장]을 해요.

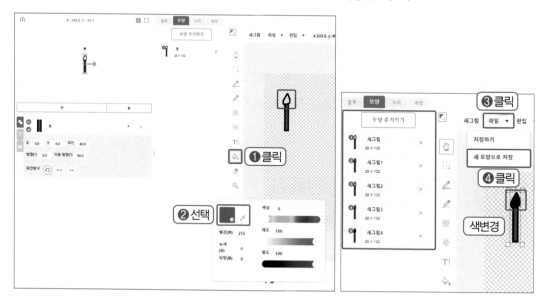

❸ [모양] 탭에 붓 오브젝트 각각의 이름을 아래와 같이 변경해요.

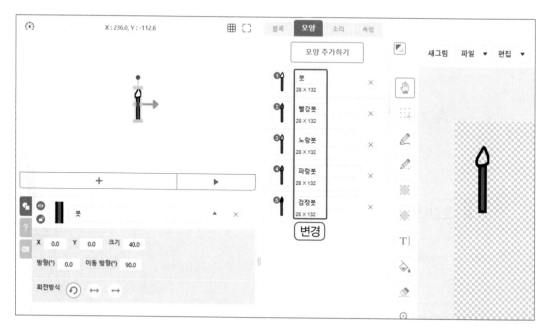

## 02 파일 올리기로 오브젝트 추가하기

몬드리안 그림을 파일 올리기하여 오브젝트를 추가해 보아요.

① [모양] 탭에서 [파일 올리기]를 선택하고 다운받은 예제파일에서 '몬드리안그림' 파일을 찾아 [열기]를 클릭해요.

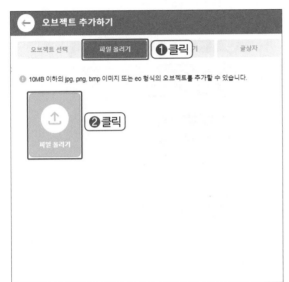

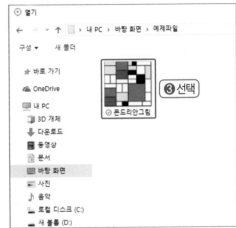

② '몬드리안그림'이 업로드 되면 [추가하기]를 클릭해요.

❸ '몬드리안그림' 오브젝트가 추가된 것을 확인해요. '물감', '팔레트', '이젤', '지우개' 오
브젝트와 배경에 '거실(2)' 오브젝트를 추가하기 하고 드래그하여 원하는 위치에 이동
하고 크기를 조절해요.

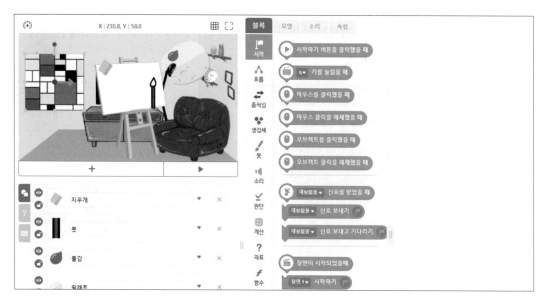

❹ 오브젝트 추가하기(    +    )에 [글상자]를 클릭하고 '명화 그리기'를 입력해요.
'한라산체'와 '굵게', '파란색', '여백없음'을 적용하고 적당한 위치에 드래그하여 크기
조절을 해요.

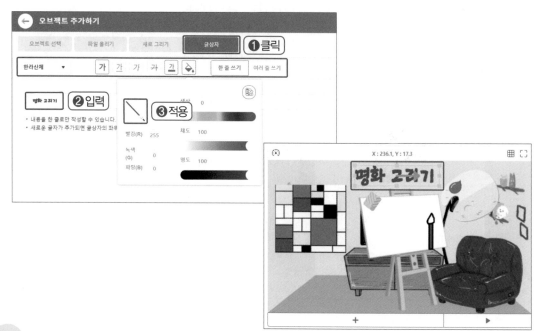

**01** 다음과 같은 그림을 완성하고 눈사람 모자 색을 다르게 하여 새 모양으로 저장해 보아요.

📁 [예제파일] 눈사람모자.ent

**02** 자신이 찍혀있는 사진을 [파일 올리기]하여 배경 오브젝트로 추가하기 해보아요.

📁 [예제파일] 엔트리봇사진.ent

# 03강 명화 그리기2

- 팔레트에 담긴 다양한 색의 물감을 표현해 보아요.
- 선택한 물감의 색으로 그림을 그리는 붓을 만들어 보아요.
- 지우개에 닿으면 지워지도록 만들어 보아요.

 **01 다양한 물감색 표현하기**

----------------------------------------------------------------

팔레트에 담긴 다양한 색의 물감을 표현해 보아요.

📁 [완성파일] 명화그리기2.ent

❶ '2강 명화그리기1.ent' 파일을 실행해요. [오브젝트 목록]에 '물감' 오브젝트를 선택하고 복제하기를 해요. 복제된 '물감1'을 선택하고 [모양] 탭에 '물감_노랑'을 클릭한후 '노랑물감'으로 이름을 변경해요. '노랑물감'을 옆으로 드래그해요.

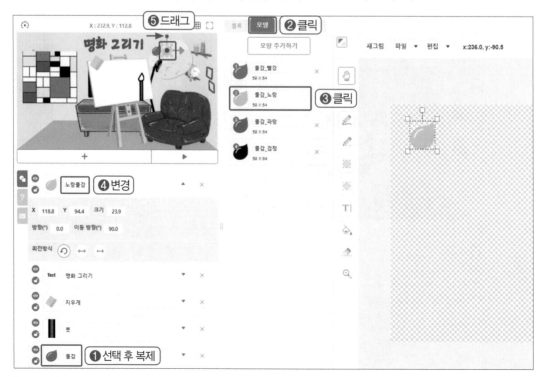

❷ '물감' 오브젝트를 2번 더 복제하고 위와 같은 방법으로 '파랑물감', '검정물감' 오브젝트를 완성해요.

## 선택한 물감색으로 그림 그리기

선택한 물감의 색으로 그림을 그리는 붓을 만들어 보아요.

❶ '이젤' 오브젝트의 크기를 조절하고, '붓' 오브젝트를 선택한 후 중심점을 붓의 끝으로 이동해요. (시작)의 오브젝트를 클릭했을 때 , (붓)의 그리기 시작하기 , 붓의 굵기를 1 만큼 바꾸기 , (흐름)의 계속 반복하기 , (움직임)의 검정물감▼ 위치로 이동하기 를 블록 조립소에 연결하고 붓의 굵기를 '3'만큼으로 변경하고 '검정물감'을 **'마우스포인터'**로 변경해요.

②  의 〈만일 참 이라면〉, 생김새 의 〈붓 모양으로 바꾸기〉, 붓 의 〈붓의 색을 ▢ (으)로 정하기〉 블록을 연결하고 〈참〉 위치에 판단 의 〈마우스포인터 ▾ 에 닿았는가?〉를 끼워넣어요. 마우스포인터를 클릭하고 '물감'으로 선택해요. 붓의모양은 '빨강붓'으로 선택해요.

③ 블록 조립소에 〈만일물감에 닿았는가 이라면〉을 [코드 복사]하고 [붙여넣기]를 해요. '노랑물감'에 닿았는가로 변경하고 빨강붓을 '노랑붓'으로 붓의 색을 '노랑색'으로 변경해요.

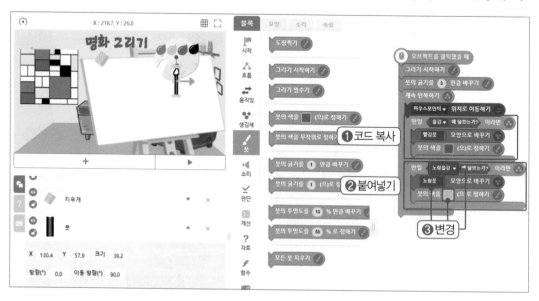

18

④ 위와 같이 [코드 복사], [붙여넣기] 하고 파랑붓은 '**파랑물감**'에 닿았는가, '**파랑붓**', '**파란색**'으로 변경하고 검정붓도 '**검정물감**'에 닿았는가, '**검정붓**', '**검정색**'으로 변경해요.

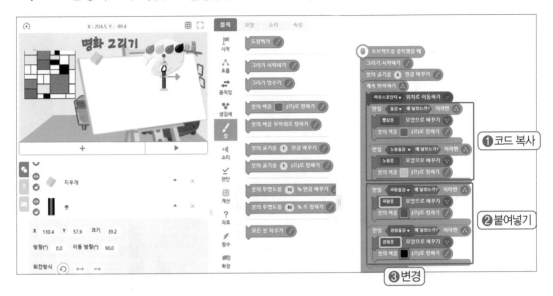

## 03 그림지우기

지우개에 닿으면 지워지도록 만들어 보아요.

① ⬛의 `만일 참 이라면` 블록과 🖌의 `모든 붓 지우기` 를 블록조립소에 연결하고 〈참〉 위치에 `마우스포인터 ▾ 에 닿았는가?` 를 끼워넣어요.

② 마우스포인터를 클릭하고 '**지우개**'로 선택해요. 시작하기( ▶ )를 클릭하고 실행해보아요.

## 01 팔레트에 무지개색 물감을 만들어 다음 그림처럼 완성해요.

📁 [예제파일] 무지개물감.ent

## 02 다음 그림을 완성하고, 문지르면 지워지는 지우개를 표현해보아요.

📁 [예제파일] 지우개.ent

# 04강 요술 물조리개

이렇게 배워요!

● 다른 모양 오브젝트를 추가해 보아요.
● 조건이 모두 맞아야 실행하는 오브젝트를 만들어 보아요.

## 01 다른 모양 오브젝트 추가하기

다른 모양 오브젝트를 추가해 보아요.

📁 [완성파일] 요술물조리개.ent

**1** 오브젝트 추가하기( [ + ] )를 클릭하고 '물조리개', '감나무', '백일홍', '선인장 (1)', '튤립 화분', '번개(1)' 오브젝트와 배경에 '집' 오브젝트를 추가하기 해요. 오브젝트를 드래그하여 원하는 위치에 이동하고 크기를 조절해요.

**2** '튤립 화분' 오브젝트를 선택해요. [모양] 탭에서 색채우기를 사용하여 빨간색과 노랑색을 채우기하고 [새 모양으로 저장]을 클릭한 후 그림과 같이 크기를 변경해요.

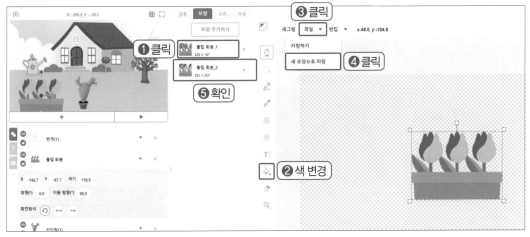

 [새 모양으로 저장]하기 한후 다시 그전의 모양을 클릭하고 블록코딩을 해요.
모양 추가하기에서 클릭해둔 모양이 첫화면이 되요.

❸ '선인장(1)', '백일홍', '감나무' 오브젝트를 아래 그림과 같이 [모양] 탭에 모양추가를 하고 크기조절을 해요.

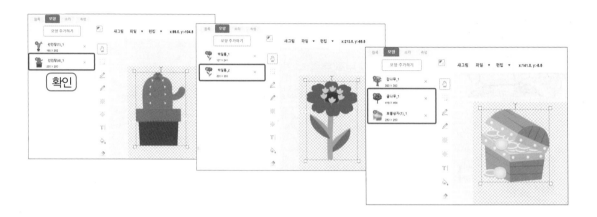

 ## 02 조건이 모두 맞아야 실행하는 오브젝트 만들기

조건이 모두 맞아야 실행하는 오브젝트를 만들어 보아요.

❶ '물조리개' 오브젝트를 선택하고, [모양] 탭에 '**물조리개_2**'를 선택해요. 마우스포인터를 따라다니는 물조리개를 클릭하면 물을 주는 그림으로 모양이 바뀌도록 아래 그림과 같은 블록을 만들어 보아요.

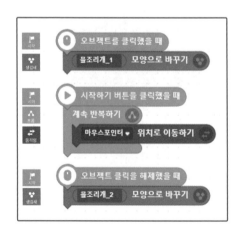

② '튤립 화분' 오브젝트를 선택하고, 조리개가 기울여 져서 물을 주면 모양이 바뀌도록

[만일 참 이라면] 블록의 〈참〉 위치에 모든 조건이 맞아야 실행되는 [참 그리고▼ 참]

블록을 사용하여 아래 그림과 같은 블록을 만들어 보아요.

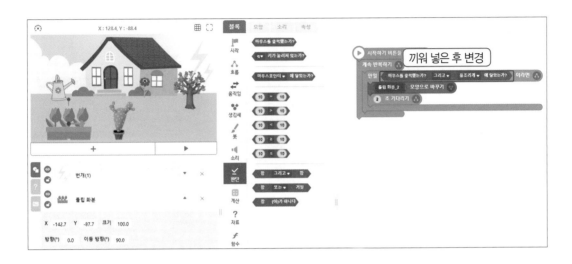

③ '튤립 화분' 오브젝트의 코딩블록을 [코드 복사] 해요. '선인장(1)' 오브젝트를 선택하
고 [붙여넣기] 해요. [튤립 화분_2 모양으로 바꾸기] 에 튤립화분_2 모양을 **'선인장(4)_1'** 모양
으로 선택해요.

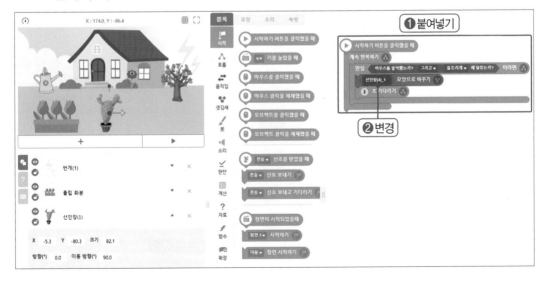

④ 위와 같이 '백일홍' 오브젝트와 '감나무' 오브젝트에 적용하고 **'백일홍_2'** 모양과 **'굴나무_1'**
모양으로 각각 변경해요.

❺ '감나무' 오브젝트를 선택해요. [소리] 탭에 [소리 추가하기]를 클릭하고 **'천둥2'**를 추가하기 한후 기다리기 값을 **'0.2'**로 변경하고 블록을 만들어 보아요. [속성] 탭에 '천둥'을 [신호 추가하기]하고 천둥▼ 신호 보내기 , 천둥▼ 신호를 받았을 때 블록을 사용하여 천둥 신호를 받고 보물상자로 모양이 변하도록 만들어 보아요.

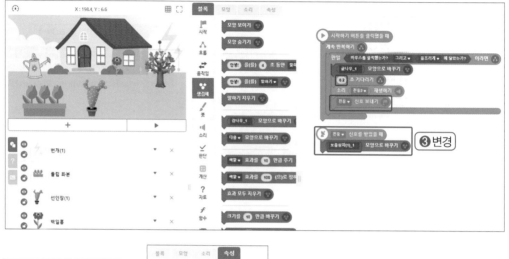

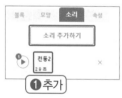

❻ '번개(1)' 오브젝트를 선택하고 천둥신호를 받으면 보물 상자가 나타나도록 만들어보아요.

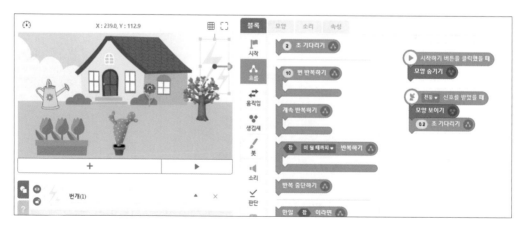

**01** 다음 그림을 완성하고, 고양이가 사람으로 변하는 모양을 만들어 보아요.

 [예제파일] 고양이사람.ent

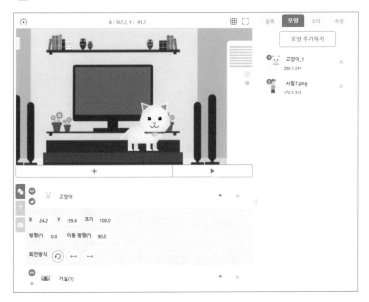

**02** 1번 그림에 도깨비 방망이와 도깨비 방망이가 기운 모양을 추가하고 도깨비 방망이가 기울면서 고양이에 닿으면 사람으로 변하도록 만들어 보아요.

[예제파일] 도깨비방망이고양이사람.ent

# 05강 무작위 도형

이렇게 배워요!

- 무작위 별을 그려보아요.
- 무작위 원을 그려보아요.

## 01 무작위 별 그리기

무작위로 생기는 별을 그려보아요.

📁 [완성파일] 무작위도형.ent

① '연필(1)' 오브젝트와 배경에 '그라데이션' 오브젝트를 추가하기해요. '그라데이션' 오브젝트를 선택하고 [모양] 탭에서 '그라데이션_5'를 클릭해요. '연필(1)' 오브젝트를 원하는 위치로 이동하고 크기를 조절해요.

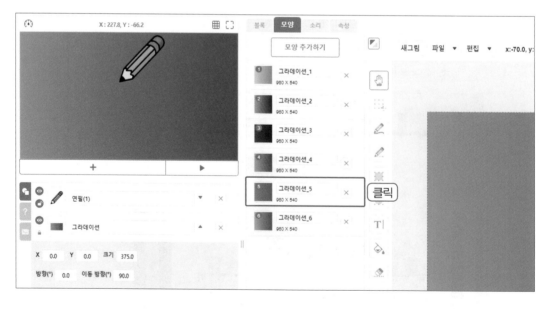

❷ '연필⑴' 오브젝트를 선택하고 중심점을 연필끝으로 이동해요.  의 ▶시작하기 버튼을 클릭했을 때 ,

의 10 번 반복하기 , 의 x: 0 y: 0 위치로 이동하기 블록을 블록 조립소에 연결한후

의 0 부터 10 사이의 무작위 수 블록을 x값과 y값에 끼워넣어요. x값은 -200 부터 200 사이의 무작위 수

로 y값은 -100 부터 100 사이의 무작위 수 로 변경해요.

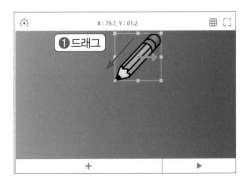

❷끼워 넣은 후 변경

❸ 의 10 번 반복하기 블록 사이에 의 그리기 시작하기 , 붓의 색을 ■ (으)로 정하기 ,

붓의 굵기를 1 (으)로 정하기 을 블록 조립소에 연결하고 '5번' 반복하기, 붓의 색은 '노란색'으

로 붓의 굵기는 '3'으로 변경해요 .

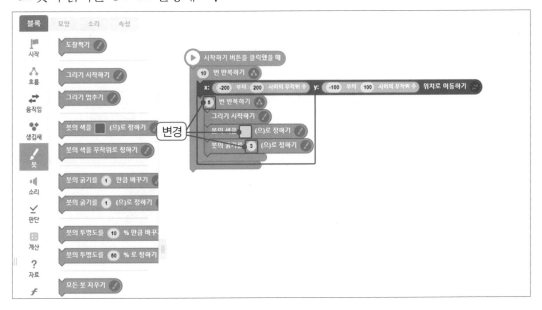

④  의 `이동 방향으로 10 만큼 움직이기` , `방향을 90° 만큼 회전하기` , 의 `2 초 기다리기` ,
의 `그리기 멈추기` 블록을 블록 조립소에 끼워넣어 연결한 후 이동방향 값을 '90'으로,
방향값을 '144'도로, 기다리기값을 '0.1'초로 변경해요.

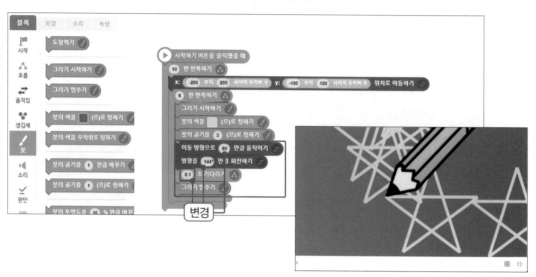

![모니터 아이콘 02]

## 무작위 원그리기

무작위로 생기는 원을 그려보아요.

① 장면을 추가하기하여 [장면2]를 클릭하고 '그라데이션', '연필(1)' 오브젝트를 추가하기
해요. '연필(1)1' 오브젝트를 선택하고 [장면1]의 코딩블록을 [코드 복사]해서 [붙여넣기]해요.

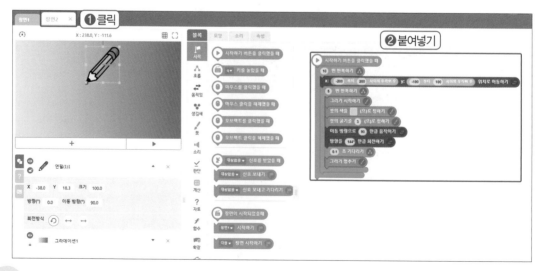

28

❷ 처음 반복값을 '**15**'번, 두 번째 반복하기를 '**20**'번으로 변경한후 붓의 색을 '**빨간색**' 으로 변경해요. 이동 방향값은 '**10**'으로 방향은 '**20**'도만큼 회전하도록 변경해요. 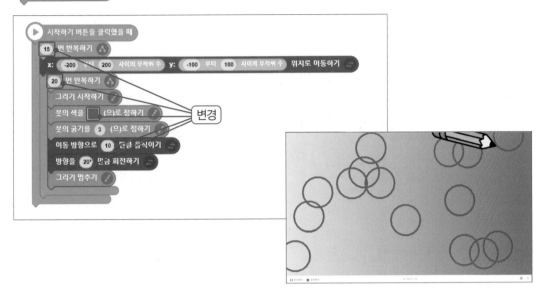 는 블록 조립소에서 삭제해요.

❸ [장면1]의 이름을 '**별**'로 [장면2]는 '**원**'으로 변경하고 각각 시작하기를 해보아요.

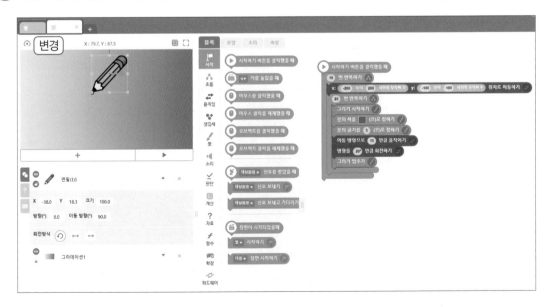

**01** 3강의 무작위 도형 파일을 열고 x값의 무작위수 범위와 y값의 무작위수 범위를 변경하고 어떤 변화가 있는지 알아보아요.

 [예제파일] 무작위별.ent

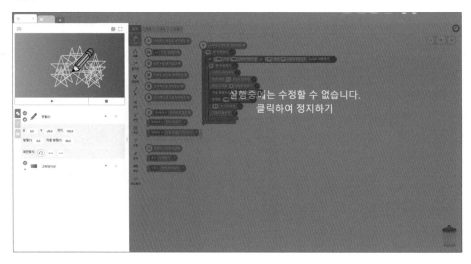

**02** ( 0 부터 10 사이의 무작위 수 ) 블록을 사용하여 립스틱이 혼란스럽게 그려지도록 표현해 보아요.

📁 [예제파일] 립스틱.ent

# 06강 덧셈하기

● 첫 번째와 두 번째 변수를 만들어요.
● 엔트리봇이 문제를 내면 답을 하도록 만들어요.

## 01 덧셈에 필요한 변수 만들기

첫 번째와 두 번째 변수를 만들어요.

📂 [완성파일] 덧셈하기.ent

① '공부하는 엔트리봇' 오브젝트와 배경에 '도서관' 오브젝트를 추가하기( [ + ] ) 하고 드래그하여 위치와 크기를 조절해요. [속성] 탭에 [변수]를 클릭하고 [변수 추가하기]를 해요.

② '공부하는 엔트리봇' 오브젝트를 선택하고 [시작]의 ▶ [시작하기 버튼을 클릭했을 때], [흐름]의 [계속 반복하기 ∧], [자료]의 [두번째 수▼ 를 10 로 정하기 ?]를 드래그하여 블록조립소에 연결해요. 두번째 수를 클릭하고 '**첫번째 수**'로 선택하고 10 위치에 계산의 [0 부터 10 사이의 무작위 수]를 끼워 넣고 '**1** 부터 **19**사이의 무작위수'로 변경해요.

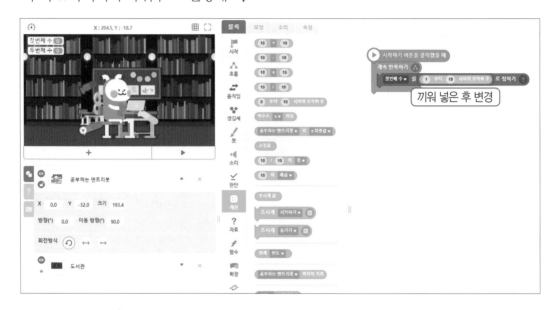

③ [첫번째 수▼ 를 1 부터 19 사이의 무작위 수 로 정하기 ?] 블록을 [코드 복사]하고 [붙여넣기]해요. '첫 번째 수'를 클릭하고 '**두번째 수**'를 선택해요.

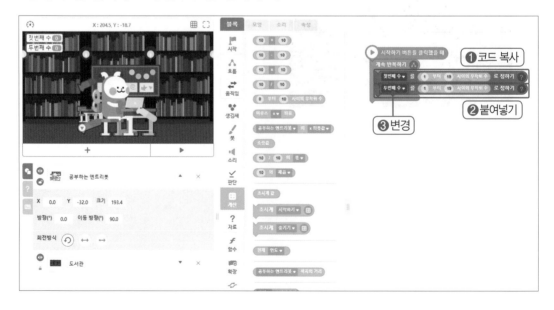

## 02 묻고 답하기

엔트리봇이 문제를 내면 답을 하도록 만들어요.

① ⟨자료⟩의 ⟨안녕! 을(를) 묻고 대답 기다리기 ?⟩를 드래그하여 블록조립소에 연결해요. ⟨안녕⟩위치에 ⟨계산⟩의 ⟨안녕! 과(와) 엔트리 를 합치기⟩를 그림과 같이 3번 연결해서 끼워넣어요. 첫 ⟨안녕⟩ 위치와 세 번째 ⟨안녕⟩위치에 ⟨자료⟩의 ⟨두번째 수▼ 값⟩을 끼워넣어요. 아래 그림과 같이 변경해요.

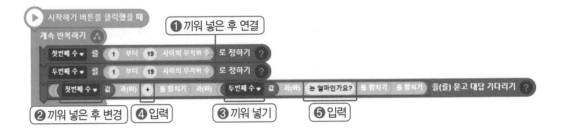

② ⟨흐름⟩의 ⟨만일 참 이라면 / 아니면⟩ 블록을 드래그하여 블록조립소에 연결하고 ⟨참⟩ 위치에 판단의 ⟨10 = 10⟩을 끼워 넣고 ⟨앞의 10⟩위치에 ⟨자료⟩의 ⟨대답⟩을 끼워넣어요. ⟨뒤의 10⟩위치에 ⟨계산⟩의 ⟨10 + 10⟩을 끼워 넣고 ⟨자료⟩의 ⟨첫번째 수▼ 값⟩과 ⟨두번째 수▼ 값⟩을 각각 끼워넣어요.

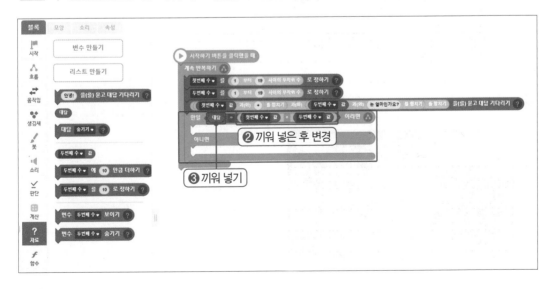

33

③ [소리] 탭에 [소리 추가하기]를 클릭하고 '또이'와 '박수갈채'를 소리 추가하기해요.

④ 🔊 의 `소리 또이▼ 1 초 재생하고 기다리기` 와 🐤 의 `안녕! 을(를) 4 초 동안 말하기▼` 를 드래그하여 블록 조립소에 연결해요. 소리값을 '**박수갈채**'로 시간값을 '**2**'초로 변경하고 안녕을 "**정답입니다**"로 입력하여 [코드 복사] 한후, 아니면 블럭 사이에 끼워넣어요. 소리값은 '**또이**'로 안녕을 "**오답입니다**"로 입력해요.

⑤ 시작하기를 클릭하고 덧셈의 답을 입력해 보아요.

**01** 다음 그림을 완성하고, 한자리 덧셈하기를 만들어 보아요.

[예제파일] 한자리덧셈.ent

**02** 다음 그림을 완성하고, 세자리 덧셈하기를 만들어 보아요.

[예제파일] 세자리수덧셈.ent

# 07강 시장에 간 엔트리봇

● 점프하는 엔트리봇을 만들어 보아요.

● 점수를 따고 점수를 잃도록 만들어 보아요.

● 무작위로 지나가는 쥐를 만들어 보아요.

## 01 점프하는 엔트리봇 만들기

특정키를 누르면 점프하는 엔트리봇을 만들어 보아요.

📁 [완성파일] 시장에간엔트리봇.ent

1️⃣ '엔트리봇', '쥐', '딸기', '햄버거', '바나나(1)', '사과(1)', '소세지', '막대사탕' 오브젝트
와 배경에 '시장' 오브젝트를 추가하기하고 드래그하여 크기를 조절하고 원하는 위치
로 이동해요.

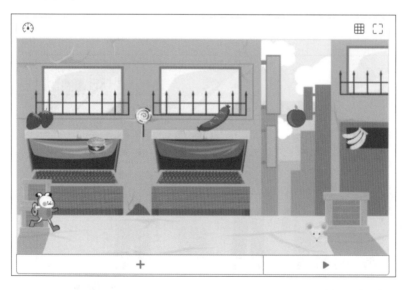

❷ '엔트리봇' 오브젝트를 선택하고 회전방식을 [좌우회전( ↔ )]으로 클릭하고 ▶시작 의

🎹 q▼ 키를 눌렀을 때 , ⇄움직임 의 2 초 동안 x: 10 y: 10 만큼 움직이기 을 드래그하여 블록 조립

소에 연결해요. q▼ 를 클릭하고 **스페이스**를 선택해요. 시간값을 '**0.5**'초로 x값은 '**0**', y값

은 '**100**'으로 변경해요. ⇄움직임 블록을 [코드 복사]하고 [붙여넣기]해서 연결해요. y값을

'**-100**'으로 변경해요.

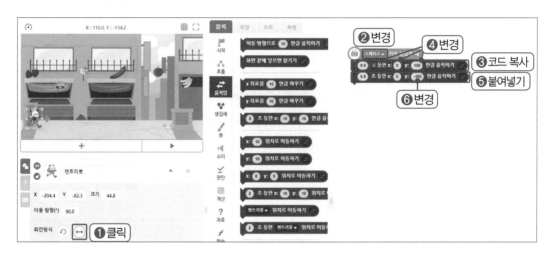

## 점수획득, 점수잃기

점수를 따고 점수를 잃도록 만들어 보아요.

❶ [속성] 탭에 [변수 추가하기]를 클릭하고 '점수'를 입력하고 변수 속성 기본값을 '**10**'으
로 입력해요.

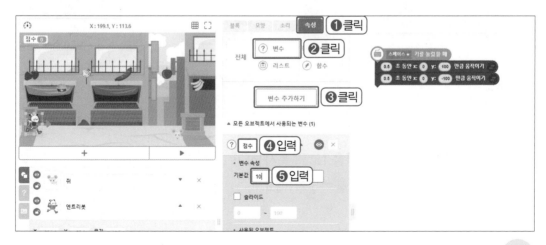

② ![시작] 의 ▶ 시작하기 버튼을 클릭했을 때 , ![흐름] 의 계속 반복하기 , ![움직임] 의 이동 방향으로 10 만큼 움직이기 ,

화면 끝에 닿으면 튕기기 를 드래그하여 블록 조립소에 연결해요. 움직임 값을 '1'로 변경해요.

```
▶ 시작하기 버튼을 클릭했을 때
계속 반복하기    변경
  이동 방향으로 1 만큼 움직이기
  화면 끝에 닿으면 튕기기
```

③ ![흐름] 의 만일 참 이라면 , ![자료] 의 점수▼ 에 10 만큼 더하기 블록을 드래그하여 블록 조립소에 연결하고 참위치에 ![판단] 의 마우스포인터▼ 에 닿았는가? 를 끼워 넣고 마우스포인터를 클릭해서 '쥐'를 선택해요. 더하기 값은 '-1'로 변경해요.

```
▶ 시작하기 버튼을 클릭했을 때
계속 반복하기
  이동 방향으로 1 만큼 움직이기
  화면 끝에 닿으면 튕기기
  만일 쥐▼ 에 닿았는가? 이라면
    점수▼ 에 -1 만큼 더하기
          └ 변경
```

④ '딸기' 오브젝트를 선택하고 ▶ 시작하기 버튼을 클릭했을 때 , 계속 반복하기 , 만일 참 이라면 ,

모양 숨기기 , 점수▼ 에 10 만큼 더하기 블록을 드래그하여 블록 조립소에 연결해요. 〈참〉 위치에 마우스포인터▼ 에 닿았는가? 를 끼워 넣고 마우스포인터를 클릭하고 **'엔트리봇'**을 선택해요.

⑤ '딸기' 오브젝트의 코딩블록을 [코드 복사]하고 '햄버거', '막대사탕', '소제지', '사과⑴', '바나나' 오브젝트에 각각 [붙여넣기]해요.

**03** 계속 지나가는 쥐 만들기

-----------------------------------------------------------

무작위로 지나가는 쥐를 만들어 보아요.

**1** '쥐'오브젝트를 선택하고 아래 그림과 같은 블록을 만들어 보아요. x값에 [계산] 의
[0 부터 10 사이의 무작위 수] 를 끼워 넣고 '-240'과 '240'으로 y값은 '-110'으로 변경해요.
x좌표값은 '-2'로 변경해요.

> **1** 끼워 넣은 후 변경
>
> 시작하기 버튼을 클릭했을 때
>
> x: -240 부터 240 사이의 무작위 수 y: -110 위치로 이동하기
>
> **2** 변경
>
> 계속 반복하기 ∧
>
> x 좌표를 -2 만큼 바꾸기
>
> **3** 변경

**2** [흐름] 의 [만일 참 이라면 ∧] 블록을 드래그하여 블록 조립소에 연결해요. 〈참〉 위치에 [판단]
의 [10 < 10] 블록을 끼워 넣고 앞의 〈10〉 위치에 [계산] 의 [쥐▼ 의 x좌표값▼] 을 끼워 넣은
후 뒤의 〈10〉은 '-240'으로 변경해요. 코딩 블록중에 [x: -240 부터 240 사이의 무작위 수 y: -110 위치로 이동하기]
블록을 [코드 복사]하여 [붙여넣기] 후 끼워 넣어 연결해요.

> 시작하기 버튼을 클릭했을 때
>
> x: -240 부터 240 사이의 무작위 수 y: -110 위치로 이동하기 **3** 코드 복사
>
> 계속 반복하기 ∧
>
> x 좌표를 -2 만큼 바꾸기 **1** 끼워 넣기 **2** 변경
>
> 만일 쥐▼ 의 x좌표값▼ < -240 이라면 ∧
>
> x: -240 부터 240 사이의 무작위 수 y: -110 위치로 이동하기 **4** 붙여넣기

**3** 시작하기를 클릭하고 게임을 해보아요.

**01** 다음 그림을 완성하고, 화면끝까지 점프했다가 착지하는 개구리를 만들어 보아요.

📁 [예제파일] 개구리끝까지.ent

**02** 1번에서 만든 개구리가 화면 끝에 닿으면 점수가 올라가도록 만들어 보아요.

📁 [예제파일] 개구리점수.ent

# 08강 보물상자 암호풀기

이렇게 배워요!

● 암호를 만들고 숨겨보아요.

● 암호를 물어보고 암호를 입력하도록 만들어 보아요

 **01 암호 만들기, 암호 숨기기**

암호를 만들고 숨겨보아요.

📁 [완성파일] 보물상자암호풀기.ent

❶ '꼬마 마법사', '보물 상자(2)' 오브젝트와 배경에 '이상한 나라' 오브젝트를 추가하기 하고 드래그하여 원하는 위치에 이동하고 크기를 조절해요.

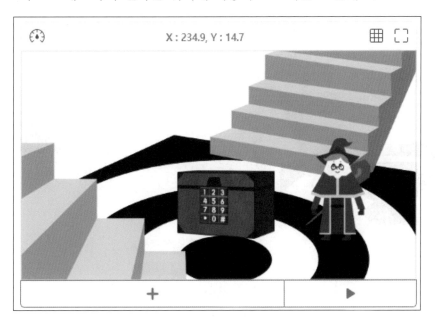

❷ [속성] 탭에 [변수]를 클릭하고 [변수 추가하기]를 클릭하여 '암호'를 입력하고 확인을 클릭해요.

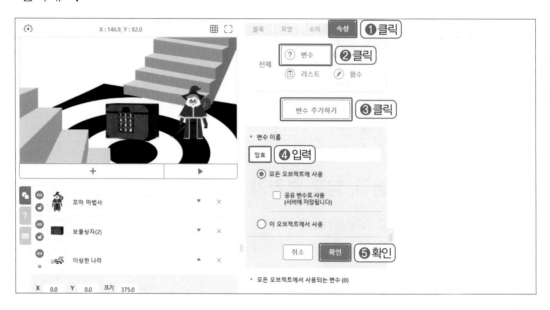

❸ '꼬마 마법사' 오브젝트를 선택하고 시작 의 ▶ 시작하기 버튼을 클릭했을 때 , 자료 의 암호▼ 를 10 로 정하기 ? , 변수 암호▼ 숨기기 ? 블록을 드래그하여 블록 조립소에 연결해요. 암호의 10을 '0070'으로 변경해요.

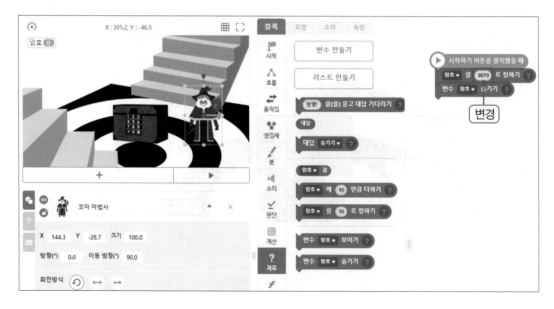

## 02 암호 물어보기, 암호 입력하기

암호를 물어보고 암호를 입력하도록 만들어 보아요.

**1** ❓ 의 대답 숨기기▼ ❓, ∧ 의 계속 반복하기 ∧, ❓ 의 안녕! 을(를) 묻고 대답 기다리기 ❓ 블록을 드래그하여 블록 조립소에 연결하고 안녕을 **"암호가 뭐게? 맞아야 열어준다!"**로 변경해요.

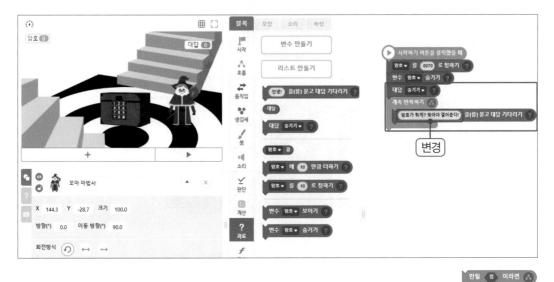

변경

**2** [속성] 탭의 [신호]를 클릭하고 **'맞았다'**를 선택후 [신호 추가하기]해요. ∧ 의 만일 참 이라면 ∧ 아니면 블록을 드래그하여 블록 조립소에 연결한후 〈참〉 위치에 ✔ 의 (10 = 10) 을 끼워 넣어요. 앞의 〈10〉 위치에 ❓ 의 대답 을 끼워 넣고 뒤의 〈10〉의 값을 **'0070'**으로 변경해요.

❸ [소리] 탭에 '**박수 갈채**', '**위험 경고**' 소리를 선택하여 [소리 추가하기]를 클릭해요. 아래 그림과 같은 블록을 만들고, 위의 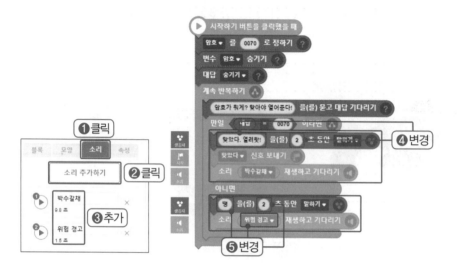 의 '안녕'을 "**맞았다. 열려 랏!**"으로 4초를 '**2**'초로, 아래의 의 '안녕'을 "**땡**"으로 4초를 '**2**'초로 변경해요. 맨 아래 소리의 '박수갈채'를 '**위험 경고**'로 선택해요.

❹ '보물상자(4)' 오브젝트를 선택하고 의 , 의 , 의 블록을 드래그하여 블록조립소에 연결해요. 보물상자(2)-1을 클릭하고 '**보물상자(2)-2**'로 선택해요. 시작하기(▶)를 클릭하고 암호를 맞춰보아요.

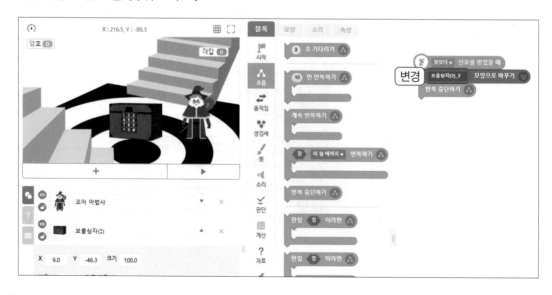

44

## 01 다음 그림을 완성하고, 오브젝트의 이름이 무엇인지 맞추어 보도록 만들어 보아요.

📁 [예제파일] 이름은무엇.ent

## 02 다음 그림을 완성하고, 수수께끼를 묻고 대답하도록 만들어 보아요.

📁 [예제파일] 수수께끼.ent

# 09강 핑퐁게임

이렇게 배워요!

● 좌우로 움직이는 판을 만들어 보아요.
● 판에 닿아서 튕겨지면 점수를 획득하는 공을 만들어 보아요.

## 01 좌우로 움직이는 판 만들기

좌우로 움직이는 판을 만들어 보아요.

📂 [완성파일] 핑퐁게임.ent

① '원' 오브젝트, 인터페이스에 '판' 오브젝트와 배경에 '마룻바닥' 오브젝트를 추가하고 원하는 크기로 조절하고 위치를 이동해요.

② '판' 오브젝트르 선택하고 `▶ 시작하기 버튼을 클릭했을 때`, `계속 반복하기`, `x: 10 위치로 이동하기` 블록을 드래그하여 블록 조립소에 연결하고 x값에 `마우스 x▼ 좌표`를 끼워넣어요.

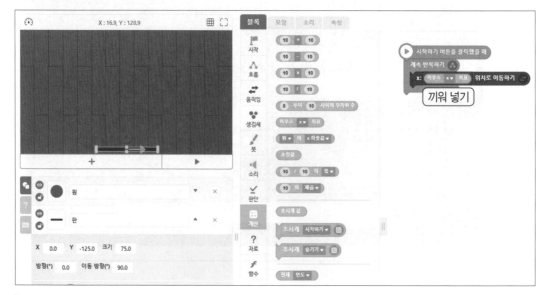

46

# 02 튕기는 공 만들기

판에 닿아서 튕겨지면 점수를 획득하는 공을 만들어 보아요.

❶ '공' 오브젝트를 선택하고 이동방향을 변경해요. 시작 의 `시작하기 버튼을 클릭했을 때`, 계산 의 `초시계 시작하기▼`, 흐름 의 `계속 반복하기`, 움직임 의 `이동 방향으로 10 만큼 움직이기`,

`화면 끝에 닿으면 튕기기` 블록을 블록 조립소에 드래그하여 연결하고 움직임 값을 '5'로 변경해요.

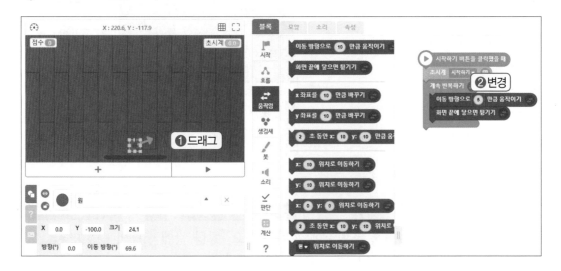

❷ 아래 그림과 같이 블록을 드래그하여 블록 조립소에 연결하고 〈참〉 위치에 판단 의

`마우스포인터▼ 에 닿았는가?`를 끼워 넣고 마우스포인터를 클릭해 '판'으로 선택해요.

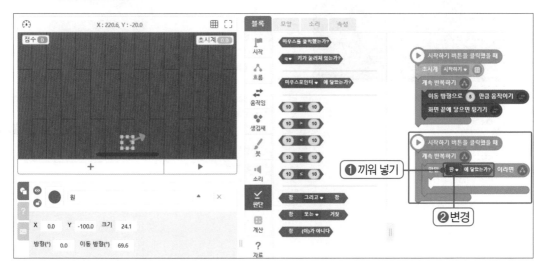

❸ [소리] 탭에 [소리 추가하기]를 클릭하고 '**전자신호음1**'을 추가해요. [속성] 탭의 변수를
클릭하고 '**점수**'를 [변수 추가하기] 해요.

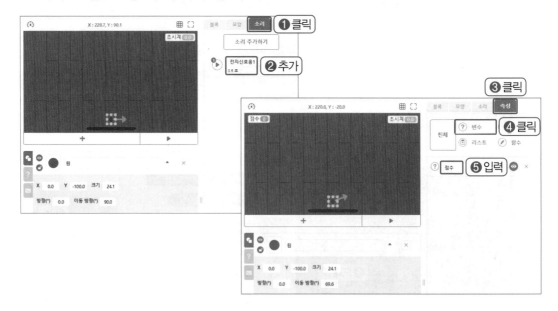

❹ 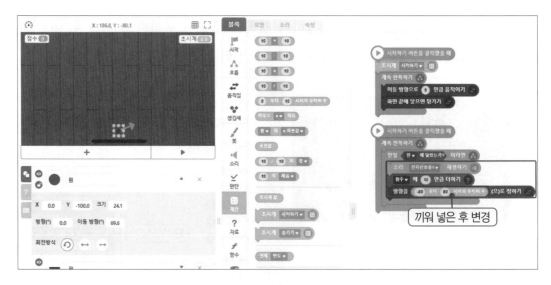 의 소리 (전자신호음1▼) 재생하기,  의 점수▼ 에 10 만큼 더하기, 움직임 의 방향을 90° (으)로 정하기
블록을 드래그하여 블록 조립소에 끼워 넣어요. 방향 값에 계산 의 0 부터 10 사이의 무작위 수
를 끼워 넣고 '-80부터 80까지'로 변경해요.

⑤ 아래 그림과 같이 블록을 〈참〉 위치에 〈판단〉의 〈참 또는▼ 거짓〉을 끼워 넣어요. 다시 〈참〉 위치에 〈마우스포인터▼ 에 닿았는가?〉를 끼워 넣고 '**아래쪽벽**'으로 변경해요. 〈거짓〉 위치에 는 〈10 > 10〉을 끼워넣어요. 앞의 〈10〉위치에 〈계산〉의 〈초시계 값〉을 끼워 넣고 뒤의 〈10〉 을 '**30**'으로 변경해요.

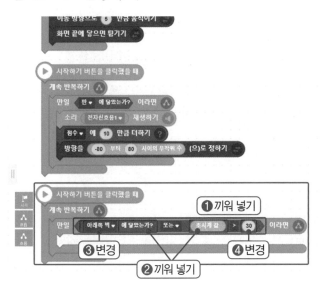

⑥ 〈계산〉의 〈초시계 시작하기▼〉, 〈흐름〉의 〈모든▼ 코드 멈추기〉를 드래그하여 블록 조립소에 연결하고 초시계 시작하기를 클릭하고 '**정지하기**'를 선택해요. 시작하기( ▶ )를 클릭하고 핑퐁게임을 해보아요.

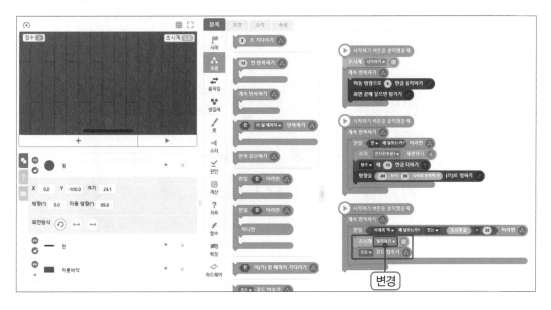

## 01 다음 그림을 완성하고, 마우스를 따라서 상하로 움직이는 판을 만들어 보아요.

[예제파일] 상하판.ent

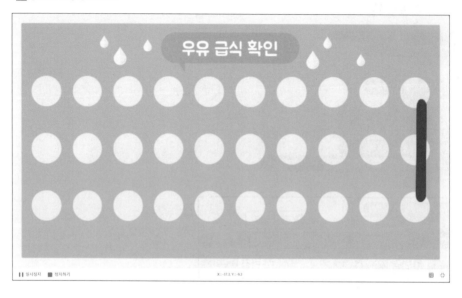

## 02 1번에서 좌우로 튕기는 공을 만들어 추가해 보아요.

[예제파일] 상하판축구공.ent

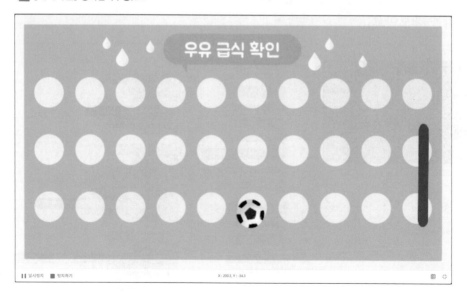

# 10강 미션임파서블

이렇게 배워요!

- 벽을 통과하지 못하는 미로에서 미션을 수행하는 앵무새를 만들어 보아요.
- 미션을 수행하는 동안의 걸린 시간을 말하도록 만들어요.
- 미션을 수행하면 보물이 나타나도록 만들어요.

## 01 미로 통과하기

벽을 통과하지 못하는 미로에서 미션을 수행하는 앵무새를 만들어 보아요.

📁 [완성파일] 미션임파서블.ent

① '앵무새', '보물지도', '보물상자(1)' 오브젝트와 배경의 '미로(1)' 오브젝트를 추가하기 하고 드래그하여 크기를 조절하고 원하는 위치로 이동해요.

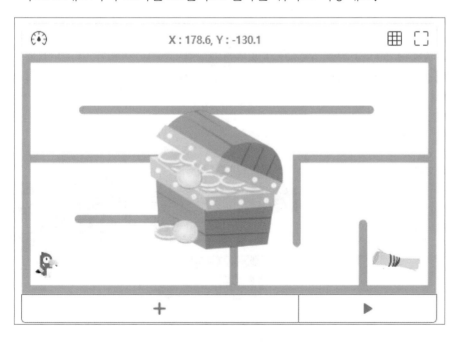

② '앵무새' 오브젝트를 선택하고 ▶ 시작하기 버튼을 클릭했을 때 , 계속 반복하기 , 만일 참 이라면/아니면 블록을 드래그하여 블록 조립소에 연결해요. 〈참〉 위치에 판단 의 q ▼ 키가 눌러져 있는가? 를 끼워 넣고 q ▼ 를 클릭하고 '**위쪽화살표**'를 선택해요.

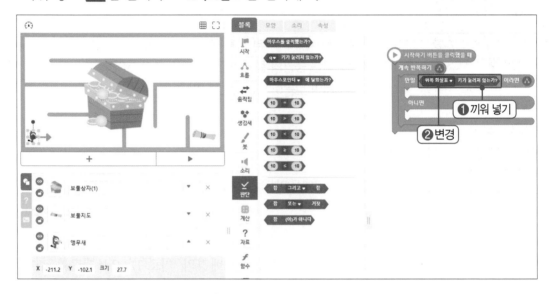

③ y좌표를 10 만큼 바꾸기 , 만일 참 이라면 블록을 드래그하여 블록 조립소에 끼워 넣어 연결해요. y좌표값을 '2'로 변경하고 〈참〉위치에 판단 의 마우스포인터 ▼ 에 닿았는가? 를 끼워 넣어요. '**마우스포인터**'를 클릭하고 '**미로1**'을 선택해요. 움직임 의 y 좌표를 10 만큼 바꾸기 를 끼워 넣고 '**-2**'로 변경해요.

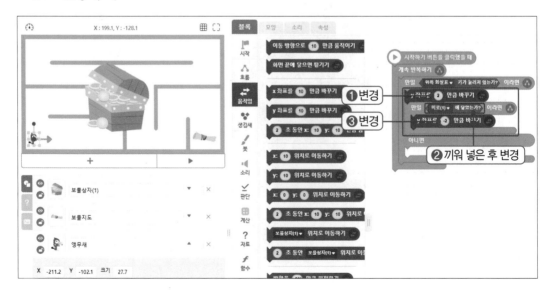

④ 아래 그림처럼 만일 블록부터 [코드 복사]하기 해요.

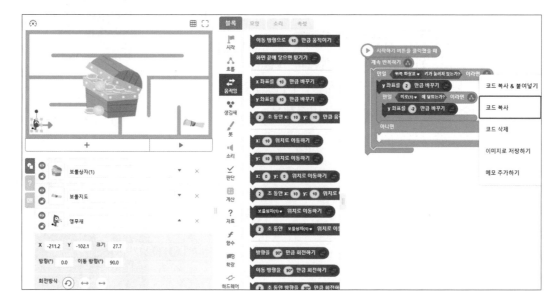

⑤ 블록 조립소에 [붙여넣기]를 2번해서 아니면 사이에 끼워 넣어요. 순서대로 '**아랫쪽 화
살표**'로 y좌표값을 '**-2**' 또 y좌표값을 '**2**'로 변경해요. '**오른쪽 화살표**'로 변경하고 y좌표
블록을 x좌표 블록으로 바꾸고 x좌표값을 순서대로 '**2**', '**-2**'로 변경해요.

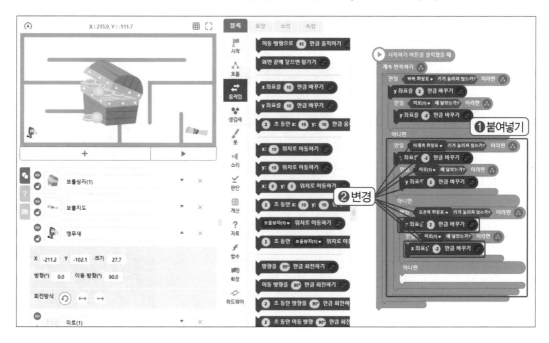

**6**  의 [만일 참 이라면], [움직임]의 [x 좌표를 10 만큼 바꾸기] 블록을 드래그하여 블록 조립소에 끼워 넣어 연결해요. 〈참〉위치에 [판단]의 [q▼ 키가 눌러져 있는가?] 를 끼워 넣은 후 q를 클릭하고 '**왼쪽화살표**'를 선택해요. x값은 '**-2**'로 변경하고, 위의 블록을 [코드 복사]하여 [붙여넣기]한 후 끼워 넣어 연결해요. x값은 '**2**'로 변경해요.

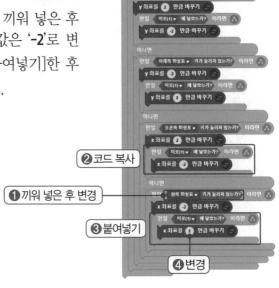

❷코드 복사

❶끼워 넣은 후 변경

❸붙여넣기

❹변경

## 02 미션 결과 말하기

미션을 수행하는 동안의 걸린 시간을 말하도록 만들어요.

**1** [속성] 탭의 신호를 클릭하고 '미션클리어'를 [신호 추가하기]해요. [흐름]의 [만일 참 이라면], [생김새]의 [안녕! 을(를) 말하기▼], [시작]의 [미션클리어▼ 신호 보내기] 블록을 드래그하여 블록 조립소에 계속 반복하기 밑에 끼워 넣어 연결해요.

❶클릭

❷입력

②  의 `초시계 시작하기 ▼ ⊞`, `초시계 숨기기 ▼ ⊞` 블록을

`▶ 시작하기 버튼을 클릭했을 때` 밑에 연결하고 `만일 참 이라면 ⋀` 에

`초시계 시작하기 ▼ ⊞`, `초시계 숨기기 ▼ ⊞` 블록을 연결하고

'**정지하기**', '**보이기**'로 변경해요.

③ 〈참〉위치에  의 `마우스포인터 ▼ 에 닿았는가?` 를 사용

하고 '**보물지도**'로 변경해요. 〈안녕〉위치에 ⊞ 의

`안녕! 과(와) 엔트리 를 합치기` 블록을 2번 반복 연결하

여 끼워 넣어요. 첫 번째 〈안녕〉에 '**미션클리어**'를

입력하고 두 번째 〈안녕〉에 `초시계 값` 을 끼워 넣고

세 번째 〈안녕〉에 '**초**'를 입력해요.

# 03 미션 종료 후 보물 나타나기

미션을 수행하면 보물이 나타나도록 만들어요.

① '보물상자(1)' 오브젝트를 선택하고 `시작` 의 `미션클리어 ▼ 신호를 받았을 때`, `생김새` 의 `모양 보이기`

블록을 드래그하여 블록 조립소에 연결해요. `▶ 시작하기 버튼을 클릭했을 때`, `모양 숨기기` 블록을

드래그하여 블록 조립소에 연결해요. 시작하기(`▶`)를 클릭하고 실행을 해보아요.

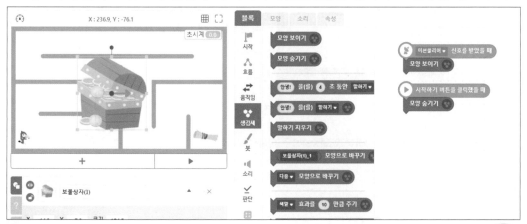

## 01 다음 그림을 완성하고, 로봇이 미로를 탈출하도록 만들어요.

📁 [예제파일] 미로탈출.ent

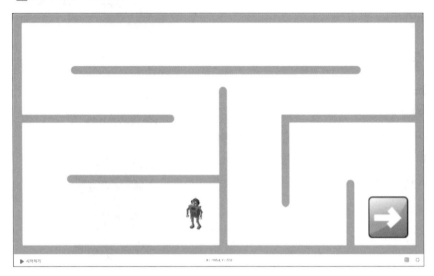

## 02 1번 미로 탈출에 초시계를 추가하고, 미로를 탈출했을 때 걸린 시간을 말하도록 만들어 보아요.

📁 [예제파일] 미로탈출시간말하기.ent

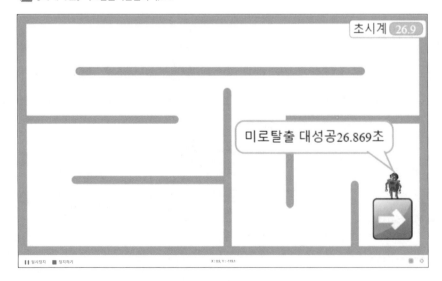

# 11강 물풍선 터트리기

이렇게 배워요!

● 방향을 바꾸며 점프하는 개구리를 만들어요.

● 물풍선을 복제하고 삭제하도록 만들어요.

● 개구리에 닿으면 터지고 점수가 줄어드는 물풍선을 만들어요.

## 01 방향 바꾸며 점프하는 개구리 만들기

방향을 바꾸며 점프하는 개구리를 만들어요.

📂 [완성파일] 물풍선터트리기.ent

1 '개구리', '물풍선' 오브젝트와 인터페이스에 '다시하기 버튼' 오브젝트, 배경에 '물웅덩이' 오브젝트를 추가하기 하고 드래그하여 크기를 조절하고 원하는 위치로 이동해요. '개구리' 오브젝트를 선택하고 [모양] 탭의 '개구리_3'을 삭제해요.

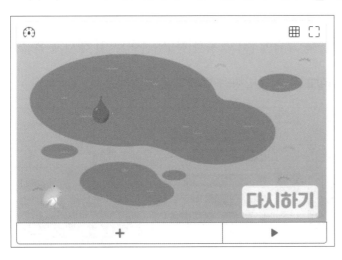

② '개구리' 오브젝트를 선택하고 좌우회전 ↔ 을 클릭해요. 시작 의 ▶ 시작하기 버튼을 클릭했을 때 , 흐름 의 계속 반복하기 ∧ , 움직임 의 화면 끝에 닿으면 튕기기 , 흐름 의 만일 참 이라면 ∧ , 2 초 기다리기 ∧ , 생김새 의 다음 ▼ 모양으로 바꾸기 , 움직임 의 이동 방향을 90° (으)로 정하기 블록을 드래그하고 블록 조립 소에 연결해요. 〈참〉 위치에 판단 의 q ▼ 키가 눌러져 있는가? 를 끼워 넣고 '**오른쪽화살표**'로 변경 해요. 기다리기 값은 '**0.05**'로 변경해요.

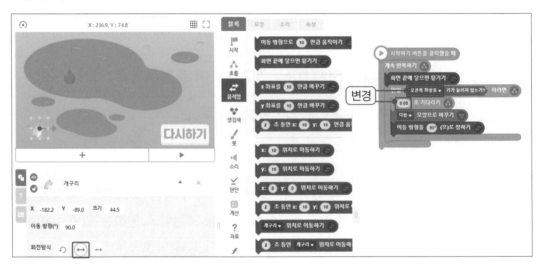

③ 만일 오른쪽 화살표 ▼ 키가 눌러져 있는가? 이라면 ∧ 블록 그림에 [코드 복사]하고 [붙여넣기] 해서 블록을 연결 해요. 오른쪽 화살표를 '**왼쪽 화살표**'로 이동방향을 '**270**'도로 변경해요.

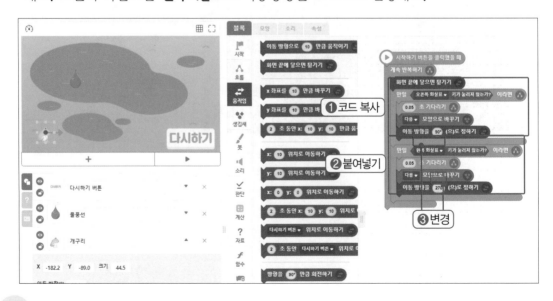

58

④  의 ( q▼ 키를 눌렀을 때 ),  의 ( 10 번 반복하기 ),

 의 ( y좌표를 10 만큼 바꾸기 ), ( 이동 방향으로 10 만큼 움직이기 )

블록을 드래그하여 블록 조립소에 연결해요. q키
를 '**스테이스**' 키로, 이동방향 값을 '**3**'으로 변경하고

( 10 번 반복하기 ) 블록을 [코드 복사]하기 하고 [붙여

넣기]한 후 블록에 연결해요. y좌표값을 '**-10**'으로 변
경해요.

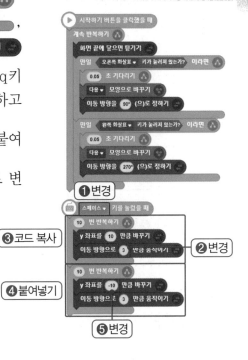

① 변경

③ 코드 복사

② 변경

④ 붙여넣기

⑤ 변경

## 02 물풍선 복제하기, 삭제하기

물풍선을 복제하고 삭제하도록 만들어요.

① '물풍선' 오브젝트를 선택하고  의 ( ▶ 시작하기 버튼을 클릭했을 때 ),  의 ( 모양 숨기기 ),

 의 ( 방향을 90° (으)로 정하기 ),  의 ( 계속 반복하기 ),  의 ( 자신▼ 의 복제본 만들기 ),  의

( 2 초 기다리기 ) 블록을 드래그하여 블록 조립소에 연결해요. 방향값을 '**180**'도로 기다
리기 값을 '**0.5**'초로 변경해요.

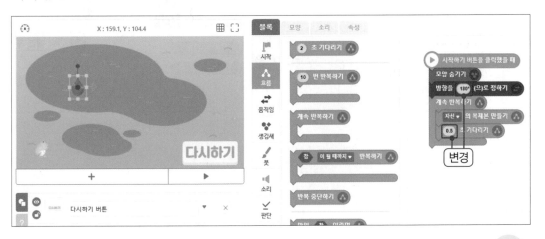

59

❷ [속성] 탭의 [신호]를 클릭하고 '게임끝' [신호 추가하기]를 한 후 [변수]를 클릭하고 '점수' [변수 추가하기]를 해요. 정수 기본값을 '**10**'으로 입력해요

❸ [블록] 탭에서 ⚙️의 `만일 참 이라면`, 🏳️의 `게임끝▼ 신호 보내기`, ⚙️의 `모든▼ 코드 멈추기` 블록을 드래그하여 블록 조립소에 끼워 넣어 연결해요. 〈참〉 위치에 `10 < 10`을 끼워 넣기하고 앞의 〈10〉위치에 ❓의 `점수▼ 값`을 끼워 넣어요. 뒤의 〈10〉위치에는 '**1**'로 변경하고 모든을 '**자신의**' 코드로 변경해요.

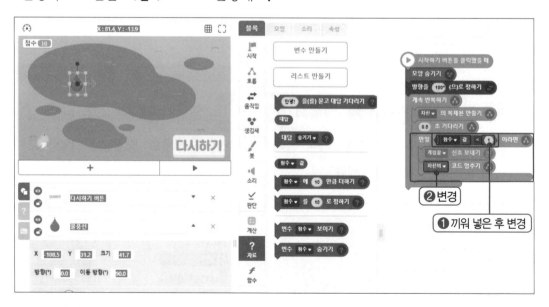

60

④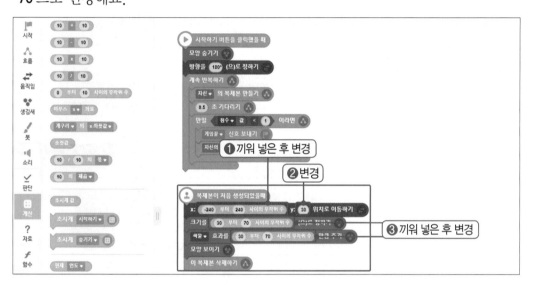

복제본이 처음 생성되었을때 , x: 0 y: 0 위치로 이동하기 , 크기를 100 (으)로 정하기 , 색깔 효과를 10 만큼 주기 , 모양 보이기 , 이 복제본 삭제하기 블록을 드래그하여 블록 조립소에 연결해요. x값에 의 0 부터 10 사이의 무작위 수 를 끼워 넣고 '-240부터 240'으로 변경해요. y값은 '30'으로 변경해요. 차례대로 크기 값과 색깔 효과 값도 0 부터 10 사이의 무작위 수 를 끼워 넣고 '30부터 70'으로 변경해요.

---

# 03 개구리에 닿으면 터지고 점수가 줄어드는 물풍선 만들기

개구리에 닿으면 터지고 점수가 줄어드는 물풍선을 만들어요.

①

참 이 될 때까지 ▼ 반복하기 , 이동 방향으로 10 만큼 움직이기 , 만일 참 이라면 , 물풍선_안터진 모양으로 바꾸기 , 점수 ▼ 에 10 만큼 더하기 , 2 초 기다리기 , 이 복제본 삭제하기 블록을 드래그하여 블록 조립소에 연결해요.

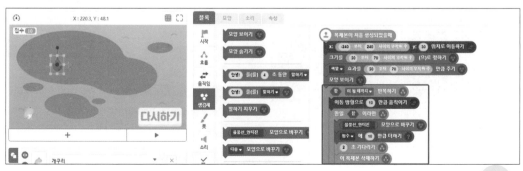

② 반복하기 〈참〉 위치에 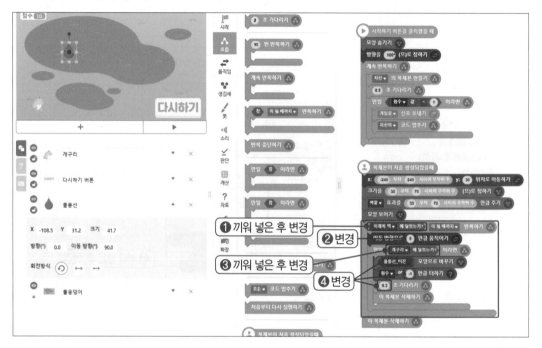 의 마우스포인터▼ 에 닿았는가? 를 끼워 넣고 '아래쪽벽'으로 변경해요. 이동방향은 '**5**'로 변경하고 만일블록 〈참〉 위치에 의 마우스포인터▼ 에 닿았는가? 를 끼워 넣고 '**개구리**'로 변경해요. '**물풍선_터진**'모양으로 변경하고 점수는 '**-1**'로 기다리기 값은 '**0.3**'으로 변경해요.

③ '다시하기' 오브젝트를 선택하고 [시작하기 버튼을 클릭했을 때], [게임끝▼ 신호를 받았을 때], [모양 보이기], [점수▼ 를 10 로 정하기], [오브젝트를 클릭했을 때], [처음부터 다시 실행하기] 블록을 드래그하여 블록 조립소에 연결한 후 점수값을 '**0**'으로 변경해요. 시작하기(▶)를 클릭하고 실행해보아요.

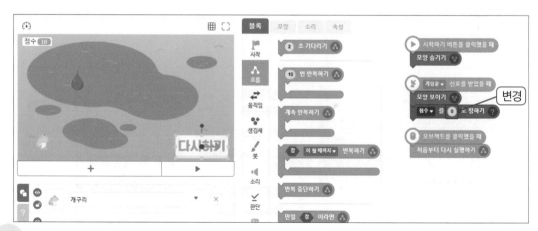

**01** 다음 그림을 완성하고, 포물선을 그리며 점프하는 축구선수가 그루터기를 넘도록 만들어 보아요.

[예제파일] 그루터기넘기.ent

**02** 다음 그림을 완성하고, 별을 복제해서 아래로 떨어지고 색과 크기가 변하는 별을 만들어 보아요

[예제파일] 복제별.ent

# 12강 주사위로 한판승부

이렇게 배워요!

- 곰과 펭귄을 클릭하면 주사위 값이 바뀌고 주사위 값을 말해주도록 만들어요.
- 주사위 값만큼 움직이는 곰과 펭귄을 만들어요.
- 먼저 도착한 동물을 말해주는 나무를 만들어요.

 **주사위값 바꾸기**

곰과 펭귄을 클릭하면 주사위 값이 바뀌고 주사위 값을 말해주도록 만들어요.

📁 [완성파일] 주사위로한판승부.ent

① '주사위', '곰(1)', '펭귄', '나무(7)' 오브젝트와 배경에 '들판(3) 오브젝트를 추가하기 하고 드래그하여 크기를 조절하고 원하는 위치로 이동해요.

② [속성] 탭의 신호를 클릭하고 '주사위' 신호 추가하기를 해요. 변수를 클릭하고 '주사위값' 변수 추가하기를 해요.

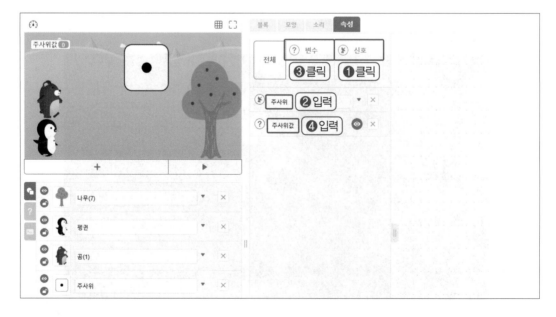

❸ '주사위' 오브젝트를 선택하고 [시작]의 [주사위▼ 신호를 받았을 때], [흐름]의 [10 번 반복하기], [움직임]의 [방향을 90° 만큼 회전하기], [생김새]의 [다음 모양으로 바꾸기], [흐름]의 [2 초 기다리기] 블록을 드래그하여 블록 조립소에 연결해요. 방향값을 '36'도로 기다리기 값을 '0.1'초로 변경해요.

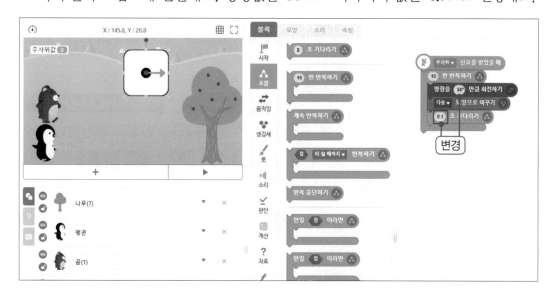

❹ [주사위값▼ 를 10 로 정하기 ?], [주사위_1 모양으로 바꾸기], [안녕! 을(를) 말하기▼] 블록을 드래그하여 블록 조립소에 연결하고 주사위값 10에 [0 부터 10 사이의 무작위 수]를 끼워 넣고 '1부터 6'으로 변경해요. [주사위값▼ 값]을 모양 바꾸기와 말하기 값에 끼워 넣어요.

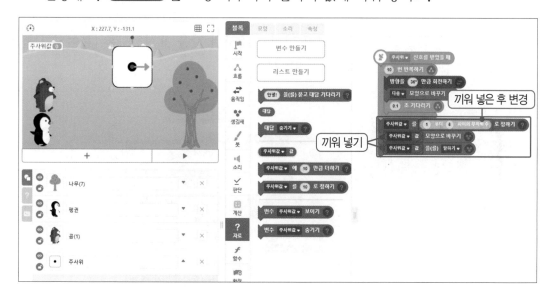

**주사위 값만큼 움직이는 곰과 펭귄 만들기**

주사위 값만큼 움직이는 곰과 펭귄을 만들어요.

① '곰(1)' 오브젝트를 선택하고 █의 ⬤오브젝트를 클릭했을 때 , 주사위 ▼ 신호 보내기 █ 블록을 드래그하고 블록 조립소에 연결해요.

② ⌨️ q ▼ 키를 눌렀을 때 , 만일 참 이라면 ⌃ , 안녕! 을(를) 말하기 ▼ , 이동 방향으로 10 만큼 움직이기 블록을 드래그하여 블록 조립소에 연결하고 q키를 baer(곰)의 'b'로 변경해요. 〈참〉위치에 10 = 10 를 끼워 넣은 후 앞의 〈10〉위치에 ? 의 주사위값 ▼ 값 을 끼워 넣고 뒤의 〈10〉을 '1'로 변경해요. 안녕을 "**한발간다**"로 변경해요.

③ 2번의 만일블록을 [코드 복사]하고 나머지 주사위 값을 표현하도록 [붙여넣기]를 **5번**하고 연결한 후 아래 그림과 같이 변경해요.

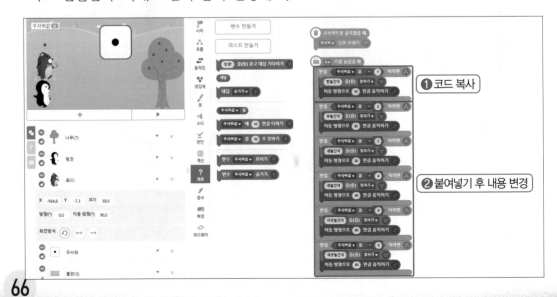

④ '곰(1)' 오브젝트의 코딩 블록을 모두 [코드 복사]하기 하고 '펭귄' 오브젝트를 선택한 후 [붙여넣기] 해요. b키를 penguin(펭귄)의 '**p**'키로 변경해요.

**② 변경**

**① 붙여넣기**

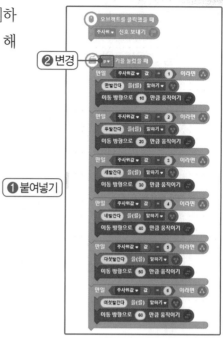

 ## 03 먼저 도착한 동물 말하기

먼저 도착한 동물을 말해주는 나무를 만들어요.

① '나무(7)' 오브젝트를 선택하고 아래 그림과 같은 블록을 만들어 보아요. 〈참〉 위치에 [판단] 의 `마우스포인터▼ 에 닿았는가?` 를 끼워 넣고 '곰(1)'로 변경해요. 안녕을 "**곰이이겼다**"로 변경하고 아래 블록은 '펭귄'에 닿았는가와 "**펭귄이이겼다**"로 변경해요. 시작하기(  ▶  )를 클릭하고 실행해보아요.

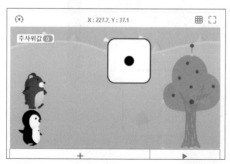

**① 끼워 넣은 후 변경**
**② 변경**
**③ 끼워 넣은 후 변경**
**④ 변경**

 **게임요령**
- 곰(펭귄)을 클릭하면 주사위 숫자가 나오고 b(p)를 클릭하면 주사위 수 만큼 이동해요.
- 나무에 도착할 때 까지 곰과 펭귄을 번갈아 가며 클릭해요.

**01** 다음 그림을 완성하고, 주사위를 클릭하면 주사위 모양이 변하도록 만들어 보아요.

[예제파일] 주사위클릭.ent

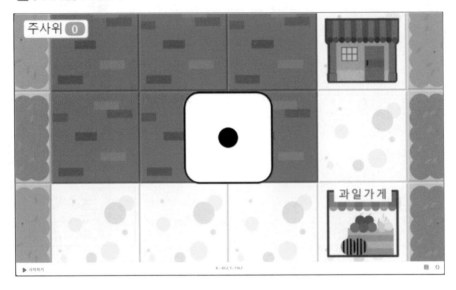

**02** 다음 그림을 완성하고. 주사위를 클릭해 모양이 변한 주사위 값을 어린아이가 말하도록 만들어 보아요.

[예제파일] 주사위값말하기.ent

# 13강 오늘의 메뉴

이렇게 배워요!

● 오늘의 메뉴를 입력, 삭제, 수정해요.

 **01 입력하기**

오늘의 메뉴를 리스트 추가하기 하고 입력해 보아요.

📁 [완성파일] 오늘의메뉴.ent

① 배경에 '부엌' 오브젝트를 추가하기 하고 [글상자]를 사용하여 '입력', '삭제', '수정'을 적용하기 해요. 추가된 글상자를 드래그하여 크기를 조절하고 원하는 위치로 이동해요.

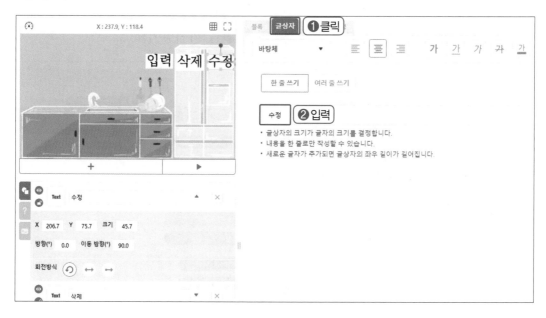

❷ [속성]에 [리스트]을 클릭하고 '오늘의 메뉴' 리스트 추가하기를 해요. 드래그하여 크기 조절을 하고 위치를 이동해요.

❸ '입력' 글상자를 선택하고 ⬛의 ⬤오브젝트를 클릭했을 때, ⬛의 ⬤안녕! 을(를) 묻고 대답 기다리기 ⬤, ⬤10 항목을 오늘의 메뉴▾ 에 추가하기 ⬤ 블록을 드래그하여 블록 조립소에 연결해요. 안녕을 "**오늘의 메뉴를 입력해요**"로 변경하고 10에 ⬛의 ⬤대답을 끼워넣어요.

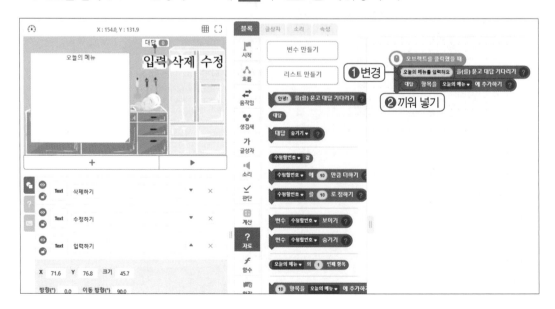

## 02 삭제하기

오늘의 메뉴 리스트를 삭제해 보아요.

① '삭제' 글상자를 선택하고 [시작]의 (오브젝트를 클릭했을 때), [자료]의 (안녕! 을(를) 묻고 대답 기다리기 ?), (1 번째 항목을 오늘의 메뉴 ▼ 에서 삭제하기 ?) 블록을 드래그하여 블록 조립소에 연결해요. 안녕을 **"삭제할 메뉴의 번호를 입력해요"**로 변경하고 1에 [자료]의 (대답)을 끼워 넣어요.

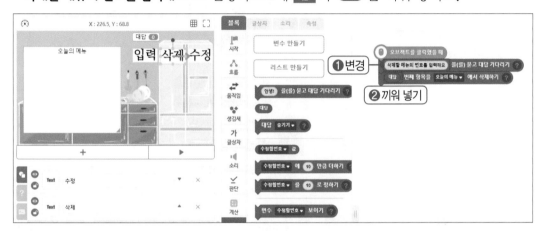

## 03 수정하기

오늘의 메뉴를 수정해 보아요.

① [속성] 탭에 [변수]를 클릭하고 '수정할번호' 변수 추가하기를 해요.

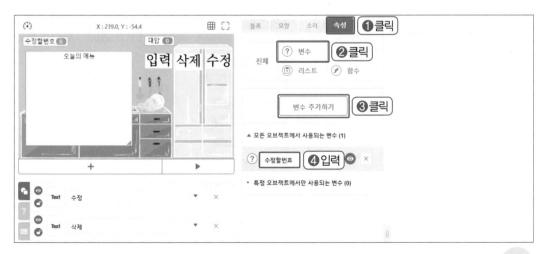

❷ '수정' 글상자를 선택하고 █의 ⬤ 오브젝트를 클릭했을 때 , ? 자료 의 안녕! 을(를) 묻고 대답 기다리기 ? ,

수정할번호 ▼ 를 10 로 정하기 ? 블록을 드래그하여 블록 조립소에 연결해요. 안녕을 "**수정할 메뉴의 번호를 입력해요**"로 변경하고 10에 대답 을 끼워 넣어요.

❸ ? 자료 의 안녕! 을(를) 묻고 대답 기다리기 ? , 오늘의 메뉴 ▼ 1 번째 항목을 10 (으)로 바꾸기 ? 블록을 드래그하여 블록 조립소에 연결하고 안녕을 "**새로운 메뉴를 입력해요**"로 변경해요. 1에 수정할번호 ▼ 값 을 끼워 넣고 10에 대답 을 끼워 넣어요. 시작하기( ▶ )를 클릭하고 실행해보아요.

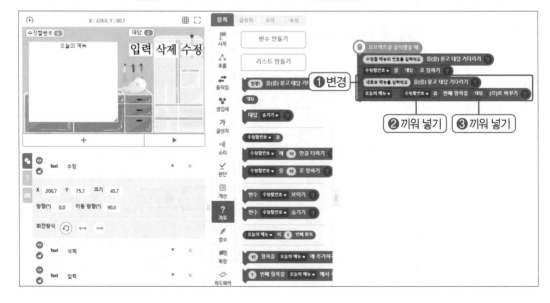

## 혼자서도 잘해요!

**01** 다음 그림과 같이 완성하고 '방학때 할일' 의 리스트를 작성해보아요.

[예제파일] 방학때할일.ent

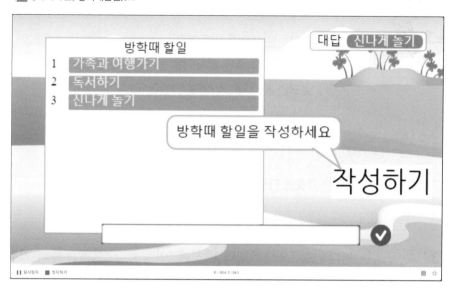

**02** 다음 그림과 같이 그림을 완성하고 리스트를 작성한 후 순서대로 삭제해 보아요.

[예제파일] 맛있는음식이름.ent

# 14강 인형 맞추기

이렇게 배워요!

● 농구공을 발사하는 로켓을 만들어요.
● 로켓에서 발사 신호를 주면 발사되는 농구공을 만들어요.
● 농구공에 맞으면 사라지는 인형을 만들어요.

## 01 농구공을 발사하는 로켓 만들기

농구공을 발사하는 로켓을 만들어요.

📁 [완성파일] 인형맞추기.ent

❶ '로켓(3)', '농구공', '판다인형' 오브젝트와 배경에 '인형방' 오브젝트를 추가하기 하고 드래그하여 크기를 조절하고 원하는 위치로 이동해요.

❷ '로켓(3)' 오브젝트를 선택하고 [오브젝트 목록]에서 'x:-15', 'y:-90' 좌표값을 입력해요. 아래의 그림과 같이 블록을 블록 조립소에 연결하고 '마우스포인터'쪽으로 변경해요.

❸ [속성] 탭의 [변수]를 클릭하고 '**점수**', '**물방울**', '**클릭**' 변수 추가하기를 해요. [신호]를 클릭하고 '**발사**' 신호 추가하기를 해요.

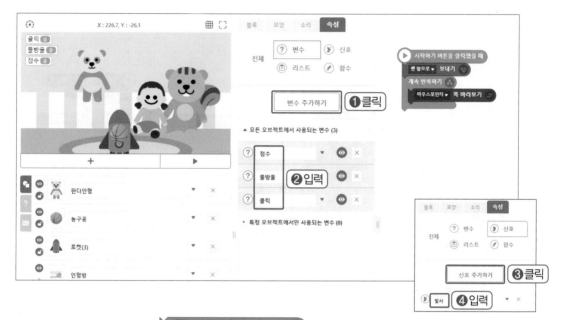

❹  블럭 2번, 블록을 드래그하여 블록 조립소에 연결해요. 〈참〉 위치에 마우스를 클릭했는가? 를 끼워 넣고 될 때까지를 '**인 동안**'으로 변경해요. 점수를 '**클릭**'으로 '1'만큼 더하기와 '**물방울**'과 '1' 더하기로 변경해요.

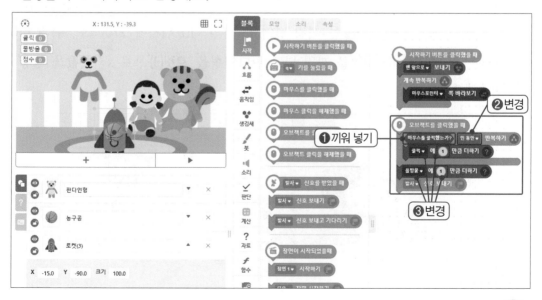

75

5  마우스 클릭을 해제했을 때 , 2 초 기다리기 , 점수 ▼ 를 10 로 정하기 블록을 드래그하여 블록 조립소에 연결해요. 기다리기 값을 '1'로 변경하고 점수를 '클릭'으로 10을 '0'으로 변경해요.

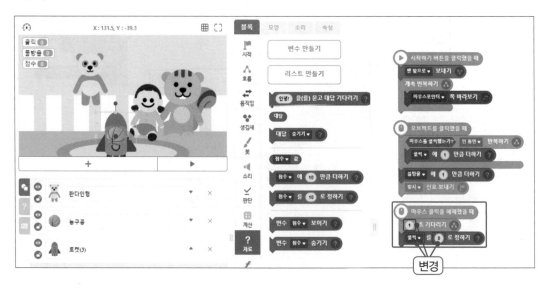

# 02 로켓을 클릭하면 발사되는 농구공 만들기

로켓에서 발사 신호를 주면 발사되는 농구공을 만들어요.

1 '농구공' 오브젝트를 선택하고 아래의 그림처럼 블록을 연결한 후, 방향을 90° (으)로 정하기 블록의 90도에 10 + 10 을 끼워 넣어요. 앞의 〈10〉위치에 '270'으로, 뒤의 〈10〉위치에는 판다인형 ▼ 의 x좌푯값 ▼ 을 끼워 넣고 판다인형을 '로켓(3)'으로 x좌푯값을 '방향'으로 변경해요.

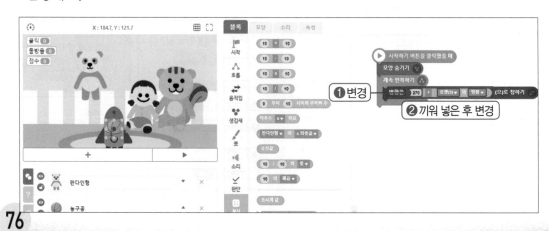

**2** ❚❙ 발사 ▼ 신호를 받았을 때 , 모양 보이기 ❂ , 이동 방향으로 10 만큼 움직이기 , 2 초 기다리기 ⚠ ,

x: 0 y: 0 위치로 이동하기 블록을 드래그하여 블록 조립소에 연결하고 이동 방향 10에

? 자료 의 점수 ▼ 값 을 끼워 넣은 후 **'클릭'** 값으로 변경해요. x좌표값은 **'-15'**로 y좌표값은

**'-90'**으로 변경해요.

## 03 사라지는 인형만들기

농구공에 맞으면 사라지는 인형을 만들어요.

**1** '판다인형' 오브젝트를 선택하고 ❚❙ 발사 ▼ 신호를 받았을 때 , 만일 참 이라면 ⚠ , 점수 ▼ 에 10 만큼 더하기 ? ,

2 초 기다리기 ⚠ , 모양 숨기기 ❂ 블록을 드래그하여 블록 조립소에 연결하고 〈참〉 위치에

✓ 판단 의 마우스포인터 ▼ 에 닿았는가? 를 끼워 넣고 **'농구공'**으로 변경해요. 기다리기 값을 **'0.5'**로

변경해요.

혼자서도 잘해요!

**01** 14강의 인형맞추기에 다른 인형도 추가해보아요.

📁 [예제파일] 추가인형맞추기.ent

**02** 다음 그림을 완성하고, 총에서 축구공이 발사되도록 만들어보아요.

📁 [예제파일] 축구공발사.ent

# 15강 엔트리봇의 도시여행

이렇게 배워요!

● 배경이 움직이도록 만들어요.
● 무작위로 떠다니는 보물을 만들어요.
● 닿으면 게임종료 하는 풍선 폭탄을 만들어요.

## 01 배경 움직이기

배경이 움직이도록 만들어요.

📁 [완성파일] 엔트리봇의도시여행.ent

① '(1)엔트리봇', '노란색 보드', '왕관(1)', '풍선', '동전' 오브젝트와 배경의 '도시(1)', '도시(2)' 오브젝트를 추가하기 하고 드래그하여 크기를 조절하고 원하는 위치에 이동해요.

❷ '도시(1)' 오브젝트를 선택하고  아래의 그림처럼 블록을 연결한 후, x좌표값을 '-3'으로 변경해요. 〈참〉 위치에 10 ≤ 10 을 끼워 넣고 앞의 〈10〉위치에 동전▼ 의 x좌표값▼ 을 끼워 넣고 동전을 '**자신**'으로 변경해요. 뒤의 〈10〉 위치에 '**-480**'으로 x의 좌표도 '**480**'으로 변경해요.

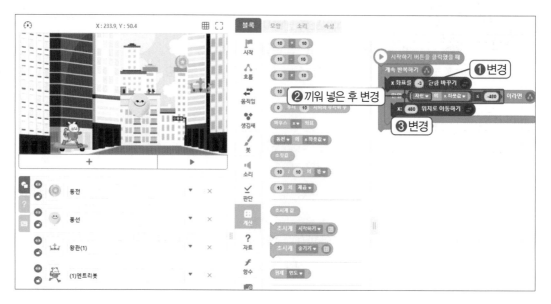

❸ '도시(1)' 오브젝트의 코딩블록을 [코드 복사]하고 '도시(2)' 오브젝트를 선택한 후 [붙여넣기]해요. x: 10 위치로 이동하기 블록을 드래그하여 시작하기블록 밑으로 끼워 넣어 연결한후 x값을 '**480**'으로 변경해요.

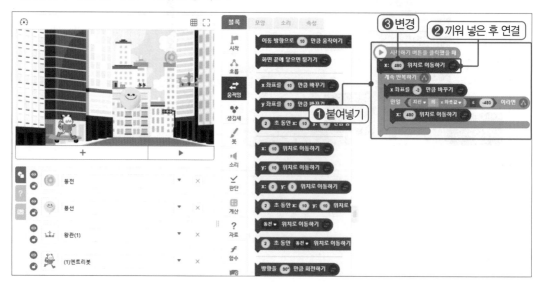

## 무작위로 떠다니는 보물 만들기

무작위로 떠다니는 보물을 만들어요.

1 '왕관(1)' 오브젝트를 선택하고  블록을 드래그하여 블록 조립소에 연결해요. 기다리기 값을 `0 부터 10 사이의 무작위 수`를 끼워 넣고 '**0.5부터 1.5**'로 변경해요.

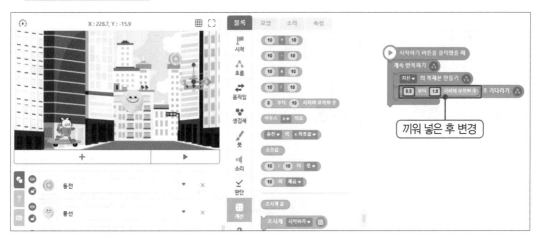

2 `시작하기 버튼을 클릭했을 때`, `계속 반복하기`, `이동 방향으로 10 만큼 움직이기` 블록을 드래그하여 블록 조립소에 연결하고 이동방향값을 '**-5**'로 변경해요. [속성] 탭에 '**점수**' 변수를 추가해요.

③ ‪「複제본이 처음 생성되었을때」‬ , ‪「x: 0 y: 0 위치로 이동하기」‬ , ‪「계속 반복하기」‬ , ‪「x 좌표를 10 만큼 바꾸기」‬ , ‪「만일 참 이라면」‬ , ‪「점수▼ 에 10 만큼 더하기」‬ , ‪「이 복제본 삭제하기」‬ 블록을 블록 조립소에 연결하고 x좌표값은 '270'으로 변경하고 y좌표값은 ‪「0 부터 10 사이의 무작위 수」‬ 를 끼워넣은 후, '-110부터 110사이의무작위수'로 다음 x좌표를 '-2'로 변경해요. 〈참〉 위치에 ‪「마우스포인터▼ 에 닿았는가?」‬ 를 엔트리봇으로 선택하고 끼워 넣어요. 점수는 '5'로 변경해요.

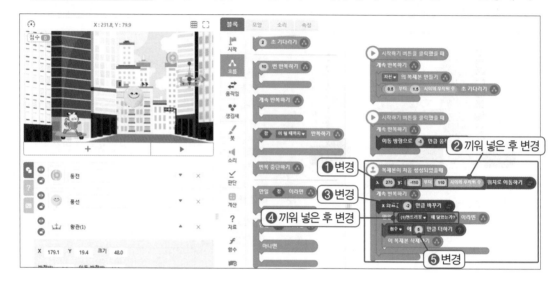

④ '왕관(1)' 오브젝트의 모든 코딩블록을 [코드 복사]하기 하고 '동전' 오브젝트를 선택한 후 [붙여넣기]해요. x좌표값을 '-5'로 점수값을 '1'로 변경해요.

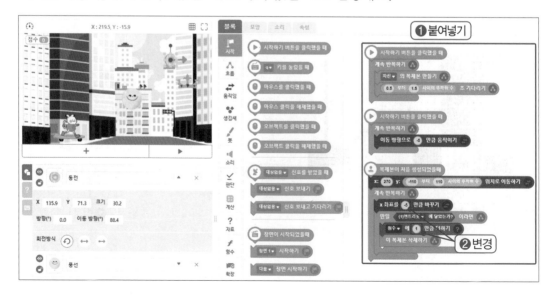

## 03 풍선 폭탄 만들기

닿으면 게임종료 하는 풍선 폭탄을 만들어요.

❶ '풍선' 오브젝트를 선택하고 ▶ 시작하기 버튼을 클릭했을 때 , x: 0 y: 0 위치로 이동하기 , 계속 반복하기 ,

x좌표를 10 만큼 바꾸기 , 만일 참 이라면 , 블록을 드래그하여 블록 조립소에 연결해요.

x값은 '250'으로 y값은 -110 부터 110 사이의 무작위 수 로 변경하고 다음 x좌표값은 '-2'로변경해요. 〈참〉 위치에 10 < 10 을 끼워넣은 후 앞의 10에 동전 ▼ 의 x좌푯값 ▼ 을 끼워 넣고 '풍선'으로, 뒤의 10에는 '-250'으로 변경해요. x: 250 y: -110 부터 110 사이의 무작위 수 위치로 이동하기 블록을 [코드 복사]한 후 [붙여넣기]해서 끼워 넣어요.

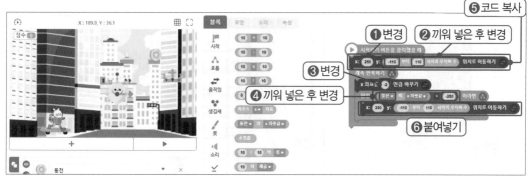

❷ 만일 참 이라면 , 다음 ▼ 모양으로 바꾸기 , 안녕! 을(를) 말하기 ▼ , 모든 ▼ 코드 멈추기 블록을 드래그하여 블록 조립소에 연결해요. 〈참〉 값에 마우스포인터 ▼ 에 닿았는가? 를 끼워 넣고 '(1)엔트리봇'으로 변경한후 안녕을 "게임끝"으로 변경해요.

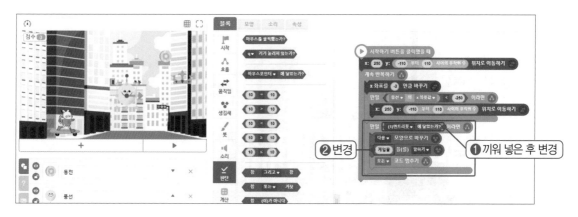

③ [모양]탭에 '**풍선_놀란**', '**풍선_우는**'을 삭제해요.

④ '(1)엔트리봇' 오브젝트를 선택하고 <kbd>q▼ 키를 눌렀을 때</kbd>, <kbd>2 초 동안 x: 10 y: 10 만큼 움직이기</kbd>
블록을 드래그하여 블록 조립소에 연결하고 <kbd>q▼</kbd>를 '**스페이스**'로 변경해요. '**0.5초 동안
x값은 0 y값은 100**'으로 변경해요. 이블록을 [코드 복사] 하고 [붙여넣기]해서 연결하
고 y값을 '**-100**'으로 변경해요.

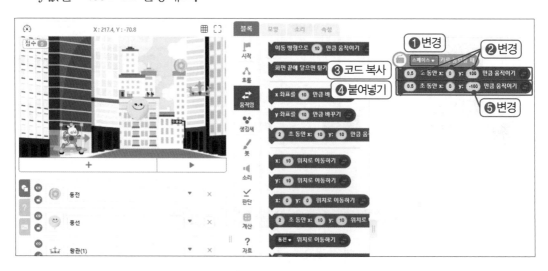

⑤ 시작하기( ▶ )를 클릭하고 실행해보아요.

84

**01** '남극 배경(1)', '남극 배경(2)' 오브젝트를 추가하여 다음 그림을 완성하고 배경이 움직여 정지한 배가 앞으로 이동하는 것처럼 만들어 보아요.

 [예제파일] 남극여행.ent

**02** 1번의 배경이 반대로 움직여 마치 배가 뒤로가는 것처럼 보이도록 만들어 보아요.

 [예제파일] 뒤로가는남극여행.ent

# 16강 짹깍째깍시계

이렇게 배워요!

● 초침, 분침, 시침을 만들어 보아요.

## 01 초침 만들기

초침을 만들어 보아요.

📁 [완성파일] 짹깍째깍시계.ent

1 '시계 바늘(초침)', '시계 바늘(분침)', '시계 바늘(시침)', '시계판' 오브젝트와 배경에 '공항' 오브젝트를 추가하기하고 드래그하여 크기를 조절하고 원하는 위치에 이동해요. 초침, 분침, 시침이 일치하도록 [오브젝트 목록]에서 모두 'x:0', 'y:0'으로 입력해요.

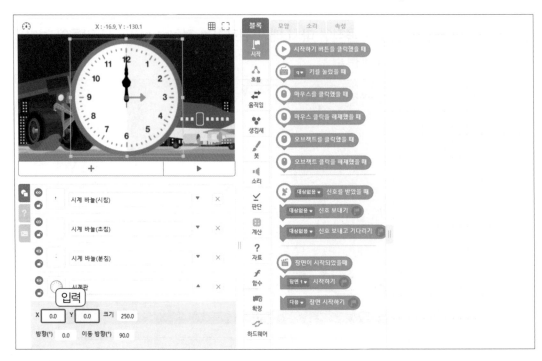

❷ '시계 바늘(시침)' 오브젝트를 선택하고 아래의 그림처럼 블록을 연결한 후, 〈참〉 위치에 10 > 10을 끼워 넣고 앞의 〈10〉위치에 현재 연도▼를 끼워 넣어서 '**현재시각(시)**'으로 변경한 후 뒤의 〈10〉위치는 '**12**'로 변경해요. 기다리기 값은 '**1**'로 변경해요.

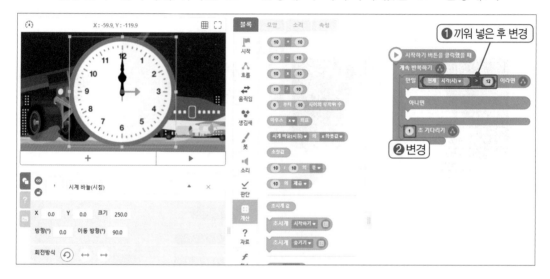

❸ 방향을 90° (으)로 정하기 블록을 위, 아래 끼워 넣고 연결해요. 위의 블록의 90도에 계산 의 10 - 10 과 10 x 10을 겹치고(10 - 10 x 10) '**현재시각(시)**', '**12**', '**30**'으로 변경해요. 아래 블록은 90도에 10 x 10을 끼워 넣고 '**현재시각(시)**', '**30**'으로 변경해요.

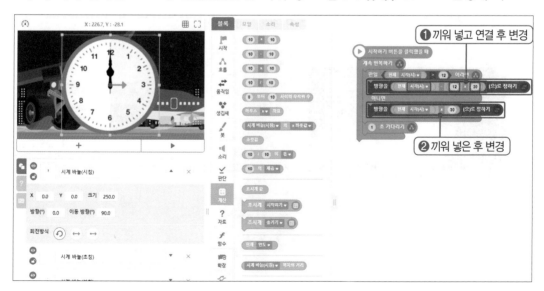

## 02 분침 만들기

분침을 만들어 보아요.

① '시계 바늘(분침)' 오브젝트를 선택하고  블록을 드래그하여 블록 조립소에 연결해요.

② `방향을 90° (으)로 정하기` , `2 초 기다리기` 블록을 드래그하여 블록 조립소에 끼워 넣어 연결해요. 90도에 `10 x 10` 을 끼워 넣고 앞의 〈10〉 위치에 `현재 연도▼` 를 끼워 넣은 후 '**현재시각(분)**'으로 뒤의 〈10〉 위치는 '**6**'으로 기다리기 값은 '**1**'로 변경해요.

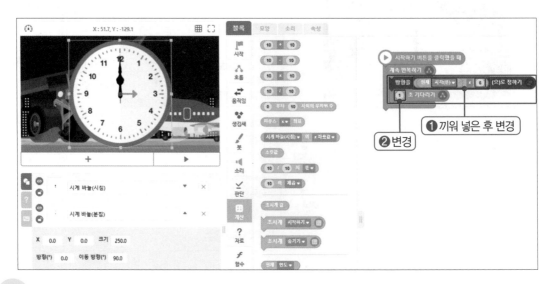

# 03 초침 만들기

초침을 만들어 보아요.

① '시계 바늘(초)' 오브젝트를 선택하고 ▶ 시작하기 버튼을 클릭했을 때 , [계속 반복하기] 블록을 드래그하여 블록 조립소에 연결해요. [소리] 탭에 '**캐스터네츠2**' [소리 추가하기]를 해요.

② 방향을 90° (으)로 정하기 , 소리 캐스터네츠2▼ 재생하기 , 2 초 기다리기 블록을 드래그하여 블록 조립소에 연결하고, 90도에 10 × 10 을 끼워 넣어요. 앞의 〈10〉위치에 현재 연도▼ 를 끼워 넣고 '**현재시각(초)**'로 변경해요. 뒤의 〈10〉위치는 '**6**'으로 변경하고 기다리기 값은 '**1**'로 변경해요.

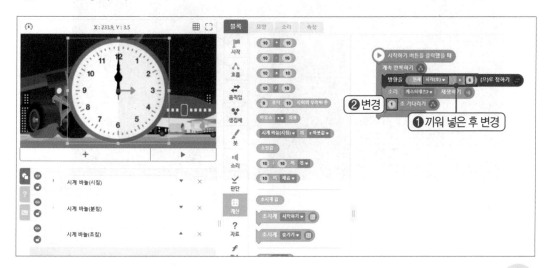

89

## 혼자서도 잘해요!

**01** 다음 그림과 같은 시계를 만들어 보아요.

📁 [예제파일] 재미있는시계.ent

**02** 각자 나만의 독특한 디자인 시계를 만들어 보아요.

📁 [예제파일] 나만의시계.ent

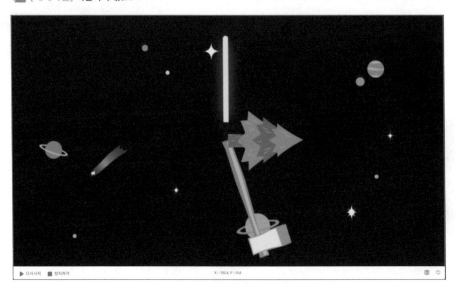

📁 [연습파일] 무작위그림.ent

 **무작위 그림그리기**

작은 '네모'모양 오브젝트를 만들어 여러 블록에 여러 가지 무작위 값을 적용해서 그리기를 해보아요.

**HINT**

• 추가한 오브젝트 : '새 오브젝트1(네모)', '단색배경'

• '클릭' 신호 추가하기, 클릭하면 그리기, 붓의 색 변경, 붓의 굵기 변경, 이동 방향 정하기, ( 0 부터 10 사이의 무작위 수 ), 사용하기

• 사용한 블록 : ▶ 시작하기 버튼을 클릭했을 때 , 🏴 대상없음▼ 신호를 받았을 때 , 대상없음▼ 신호 보내기 , 10 번 반복하기 ,

x: 0 y: 0 위치로 이동하기 , 이동 방향으로 10 만큼 움직이기 , 이동 방향을 90° (으)로 정하기 ,

안녕! 을(를) 4 초 동안 말하기▼ , 붓의 색을 무작위로 정하기 , 안녕! 을(를) 4 초 동안 말하기▼ ,

붓의 투명도를 50 % 로 정하기 , 그리기 시작하기 , 그리기 멈추기

91

📁 [연습파일] 세수의덧셈.ent

 세수의 덧셈하기

변수를 추가하여 세수를 입력하면 어린 탐험가가 정답을 맞추도록 만들어 보아요.

HINT

• 추가한 오브젝트 : '어린 탐험가', 숲속(1)

• 변수 추가하기, 묻고 대답하기, 계산값 사용하기

• 사용한 블록 : [▶ 시작하기 버튼을 클릭했을 때], [안녕! 을(를) 4 초 동안 말하기▼], [안녕! 을(를) 말하기▼],

[대답 숨기기 ?], [안녕! 을(를) 묻고 대답 기다리기 ?], [세번째 수▼ 를 10 로 정하기]

솜씨 뽐내기

[연습파일] 우주전쟁.ent

 우주 전쟁

1강의 장면1을 이용하여 배경을 만들고 우주선에서 발사된 로켓이 지나가는 초고속 비행기를 맞추고 폭파되도록 만들어 보아요.

HINT
- 추가한 오브젝트 : '초고속비행기(1)', '로켓', '로켓(2)', '태양계–달', '태양계–지구', '우주(3)'
- 지나가는 초고속 비행기 `x: -240 부터 240 사이의 무작위 수  y: 80 위치로 이동하기` 블록 사용하기, '발사'신호 추가하기, 복제본 만들기, 모양 변하기
- 사용한 블록 :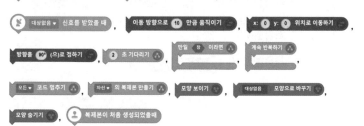

93

 전자시계

[연습파일] 전자시계.ent

16강을 참고하여 아날로그 시계를 코딩하고 글상자를 사용하여 전자시계 기능도 추가해 만들어보아요.
(전자시계.ent 참고)

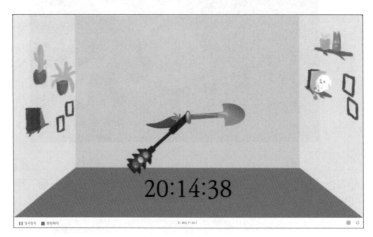

**HINT**

• 추가한 오브젝트 : '삽', '신호등(1)', '고추', '초록방'

• 글상자 추가하기, 글상자 블록 사용하기, 현재 연도▼ 사용하기, 16강 째깍째깍 시계 참고하기

• 사용한블록: 시작하기 버튼을 클릭했을 때 , 계속 반복하기 , 만일 참 이라면 / 아니면 , 만일 참 이라면 ,

2 초 기다리기 , 방향을 90° (으)로 정하기 , 엔트리 라고 글쓰기 , 엔트리 라고 뒤에 이어쓰기

94

## 엔트리와 핑퐁게임

📁 [연습파일] 엔트리와핑퐁게임.ent

왼쪽판은 엔트리 오른쪽 판은 내가 움직여 핑퐁게임을 하도록 만들어 보아요.

**HINT**

- 추가한 오브젝트 : '판', '농구공', '다시하기 버튼' ,'흙' ('판'복제하여 '판(1)' 만든후 '엔트리판', '내판'으로 이름변경)
- '판' 오브젝트 추가하여 90도 회전하고 복제하기, 초시계 사용하기, 농구공을 3번 놓치면 다시시작 (변수 추가하기 '기회수', 기본값 3적용) , 마우스포인터를 따라 움직이는 '내판' 만들기
- 사용한블록 : ▶ 시작하기 버튼을 클릭했을 때 , ⚡ 대상없음 ▼ 신호를 받았을 때 , 대상없음 ▼ 신호 보내기 ,

  🖐 오브젝트를 클릭했을 때 , 계속 반복하기 , 만일 참 이라면 , 자신의 ▼ 코드 멈추기 ,

  처음부터 다시 실행하기 , y: 10 위치로 이동하기 , 이동 방향으로 10 만큼 움직이기 ,

  방향을 90° (으)로 정하기 , 화면 끝에 닿으면 튕기기 , 이동 방향으로 10 만큼 움직이기 ,

  초시계 시작하기 ▼ , 기회수 ▼ 에 10 만큼 더하기 , 모양 보이기 , 모양 숨기기

95

● **흐름 블록** 흐름 : 블록을 반복하거나 조건에 따라 흐름을 정해요.

| | |
|---|---|
| 복제본이 처음 생성되었을때 | 해당 오브젝트의 복제본이 처음 생성되었을 때 아래 연결된 블록을 실행해요. |
| 자신 ▼ 의 복제본 만들기 ∧ | 선택한 오브젝트의 복제본을 만들어요. |
| 이 복제본 삭제하기 ∧ | 생성된 복제본을 삭제해요. |

● **자료 블록** 자료 : 속성의 변수, 신호, 리스트 등을 추가하여 제어해요.

| | |
|---|---|
| 안녕! 을(를) 묻고 대답 기다리기 ? | 입력한 문자를 말풍선으로 묻고, 대답을 입력받아요. 실행화면에 대답 창이 만들어져요. |
| 대답 | 묻고 대답을 위한 입력값이에요. |
| 대답 숨기기 ▼ ? | 실행화면의 대답 창을 숨겨요. |
| 변수 ▼ 값 | 선택된 변수의 저장 값이에요. |
| 변수 ▼ 에 10 만큼 더하기 ? | 선택한 변수의 입력한 값을 더해요. |
| 변수 ▼ 를 10 로 정하기 ? | 선택한 변수의 입력값으로 정해요. |
| 변수 변수 ▼ 숨기기 ? | 선택한 변수 창을 실행화면에서 숨겨요. |
| 리스트 ▼ 의 1 번째 항목 | 선택한 리스트에서 입력한 순서의 항목 값이에요. |
| 1 번째 항목을 리스트 ▼ 에서 삭제하기 ? | 선택한 리스트의 입력한 순서 항목을 삭제해요. |
| 리스트 ▼ 1 번째 항목을 10 (으)로 바꾸기 ? | 선택한 리스트에서 입력한 순서의 항목 값을 입력한 값으로 바꿔요. |